essentials

essentials liefern aktuelles Wissen in konzentrierter Form. Die Essenz dessen, worauf es als „State-of-the-Art" in der gegenwärtigen Fachdiskussion oder in der Praxis ankommt. *essentials* informieren schnell, unkompliziert und verständlich

- als Einführung in ein aktuelles Thema aus Ihrem Fachgebiet
- als Einstieg in ein für Sie noch unbekanntes Themenfeld
- als Einblick, um zum Thema mitreden zu können

Die Bücher in elektronischer und gedruckter Form bringen das Expertenwissen von Springer-Fachautoren kompakt zur Darstellung. Sie sind besonders für die Nutzung als eBook auf Tablet-PCs, eBook-Readern und Smartphones geeignet. *essentials:* Wissensbausteine aus den Wirtschafts, Sozial- und Geisteswissenschaften, aus Technik und Naturwissenschaften sowie aus Medizin, Psychologie und Gesundheitsberufen. Von renommierten Autoren aller Springer-Verlagsmarken.

Weitere Bände in der Reihe http://www.springer.com/series/13088

Gernot Schiefer · Corinna Hoffmann

Lernmotivation und Weiterbildungsbereitschaft älterer Mitarbeiter

Hilfestellung für Führungskräfte im Rahmen agiler Personalführung

 Springer

Gernot Schiefer
Fachbereich Wirtschaftspsychologie
FOM Hochschule für Oekonomie und
Management
Saarbrücken, Deutschland

Corinna Hoffmann
Fachbereich Wirtschaftspsychologie
FOM Hochschule für Oekonomie und
Management
Mannheim, Deutschland

ISSN 2197-6708　　　　　ISSN 2197-6716　(electronic)
essentials
ISBN 978-3-658-26124-5　　　ISBN 978-3-658-26125-2　(eBook)
https://doi.org/10.1007/978-3-658-26125-2

Die Deutsche Nationalbibliothek verzeichnet diese Publikation in der Deutschen Nationalbibliografie; detaillierte bibliografische Daten sind im Internet über http://dnb.d-nb.de abrufbar.

© Springer Fachmedien Wiesbaden GmbH, ein Teil von Springer Nature 2019
Das Werk einschließlich aller seiner Teile ist urheberrechtlich geschützt. Jede Verwertung, die nicht ausdrücklich vom Urheberrechtsgesetz zugelassen ist, bedarf der vorherigen Zustimmung des Verlags. Das gilt insbesondere für Vervielfältigungen, Bearbeitungen, Übersetzungen, Mikroverfilmungen und die Einspeicherung und Verarbeitung in elektronischen Systemen.
Die Wiedergabe von allgemein beschreibenden Bezeichnungen, Marken, Unternehmensnamen etc. in diesem Werk bedeutet nicht, dass diese frei durch jedermann benutzt werden dürfen. Die Berechtigung zur Benutzung unterliegt, auch ohne gesonderten Hinweis hierzu, den Regeln des Markenrechts. Die Rechte des jeweiligen Zeicheninhabers sind zu beachten.
Der Verlag, die Autoren und die Herausgeber gehen davon aus, dass die Angaben und Informationen in diesem Werk zum Zeitpunkt der Veröffentlichung vollständig und korrekt sind. Weder der Verlag, noch die Autoren oder die Herausgeber übernehmen, ausdrücklich oder implizit, Gewähr für den Inhalt des Werkes, etwaige Fehler oder Äußerungen. Der Verlag bleibt im Hinblick auf geografische Zuordnungen und Gebietsbezeichnungen in veröffentlichten Karten und Institutionsadressen neutral.

Springer ist ein Imprint der eingetragenen Gesellschaft Springer Fachmedien Wiesbaden GmbH und ist ein Teil von Springer Nature
Die Anschrift der Gesellschaft ist: Abraham-Lincoln-Str. 46, 65189 Wiesbaden, Germany

Was Sie in diesem *essential* finden können

- Eine Darstellung der besonderen Lern- und Weiterbildungsmotivation von älteren Arbeitnehmern
- Die verständliche Beschreibung psychologischer Faktoren, die sich im Unternehmenskontext deutlich auf die Lernmotivation auswirken
- Konkrete Empfehlungen für motivationsförderliche Rahmenbedingungen und wie mögliche Motivationsbarrieren bei älteren Arbeitnehmern abgebaut werden können
- Wichtige Hinweise zur Gestaltung von Weiterbildungsmaßnahmen für ältere Arbeitnehmer

Inhaltsverzeichnis

Die Bedeutung der Lernmotivation älterer Arbeitnehmer

1

Die Arbeitswelt ist geprägt von einem stetigen Wandel und damit einhergehend immer neuen Herausforderungen. In der viel diskutierten „Arbeitswelt 4.0" kommen mehrere Entwicklungen zusammen: der demografische Wandel, die Globalisierung, die Digitalisierung mit raschen technologischen Veränderungen sowie die Entwicklung hin zur Wissensgesellschaft. Unternehmen und Beschäftigte stehen vor den Herausforderungen gewandelter Anforderungen, die diese Entwicklungen mit sich bringen. Diesen müssen sie sich stellen, um weiterhin wettbewerbsfähig bzw. beschäftigungsfähig zu bleiben (Giesert et al. 2017, S. 16). Eine der größten Herausforderungen ist die Altersverschiebung des Erwerbspersonenpotenzials. Aktuell ist dieses durch die starken Jahrgänge der Babyboomer-Generation geprägt, die zwischen 45 und 65 Jahre alt sind und in den kommenden zwei Jahrzenten aus dem Erwerbsleben ausscheiden werden (Statistisches Bundesamt 2015). Die Zahl junger Menschen wie auch der im mittleren Alter wird deutlich zurückgehen, während die Zahl der Älteren zunehmen wird (Statistisches Bundesamt 2016, S. 5 f.). Für Unternehmen bedeutet das, sich auf einen Mangel an Nachwuchskräften und eine immer älter werdende Belegschaft einstellen zu müssen. Auch Personaleinstellungen ändern nichts daran, dass sich ein sehr hoher Anteil von Beschäftigten im letzten Drittel ihres Arbeitslebens befinden wird. Das ist eine große Herausforderung, aber auch eine Chance, da die letzte Phase des Arbeitslebens nicht nur Nachteile mit sich bringt. Im Fokus dieser Arbeit stehen die älteren Arbeitnehmer und die Frage, wie deren Arbeitsfähigkeit und -motivation erhalten und gefördert werden kann – bei einer weiterhin hohen Produktivität und Qualität. Hierfür müssen sich Unternehmen von der derzeitig jugendzentrierten Personalpolitik abwenden, langfristige Maßnahmen treffen, geeignete Rahmenbedingungen schaffen und verstärkt in das Potenzial Älterer investieren, um diese an das Unternehmen zu binden (Bergmann 2007,

© Springer Fachmedien Wiesbaden GmbH, ein Teil von Springer Nature 2019
G. Schiefer und C. Hoffmann, *Lernmotivation und Weiterbildungsbereitschaft älterer Mitarbeiter*, essentials, https://doi.org/10.1007/978-3-658-26125-2_1

S. 60 f.; Giesert et al. 2017, S. 16). Ansonsten besteht die Gefahr, dass diese früher aus dem Erwerbsleben ausscheiden, dem Arbeitsmarkt weniger Arbeitskräfte zur Verfügung stehen und den Unternehmen Wissen und Potenzial verloren geht (BMAS 2016, S. 13; Frerichs 2016, S. 11 f.).

Ein wichtiger Punkt für die Erhaltung der Arbeitsfähigkeit Älterer ist, diese stärker in die betriebliche Weiterbildung einzubeziehen, um den wachsenden Lernanforderungen einer Wissensgesellschaft gerecht zu werden. Einmal Gelerntes veraltet sehr schnell (BMAS 2014, S. 4 ff.) und bei einer Kombination aus schnellen technologischen Veränderungen und fehlender Weiterbildung erhöht sich das Risiko einer zunehmenden De-Qualifizierung (Lehr und Kruse 2006, S. 243). Für die Innovationsfähigkeit und Produktivität ist ein aktueller Wissensstand jedoch maßgeblich. Hier stellt sich die Frage nach der Lernfähigkeit älterer Arbeitnehmer, und ob diese Ziele mit einer älteren Belegschaft zu erreichen sind. Doch auch die Motivation der Belegschaft hat einen hohen Einfluss auf Innovationsfähigkeit und Produktivität. Zudem ist die individuelle Motivation eine wichtige Voraussetzung für die Teilnahme an Weiterbildungsmaßnahmen und letztendlich auch für den Lernerfolg (Stamov-Roßnagel 2008, S. 9). Durch die veränderte Altersstruktur und eine veränderte Lernfähigkeit muss daher besonders die Motivation der älteren Arbeitnehmer an Bedeutung gewinnen, um zu gewährleisten, dass diese sich weiterbilden (Winkler 2005, S. 146). Bei der Qualifizierung Älterer ist gerade deren Motivation eine Herausforderung, denn auf diesem Gebiet stehen unter anderem Motivationsbarrieren wie Selbstzweifel, Vorurteile und Stigmatisierung der Zielgruppe im Weg (Axhausen et al. 2002, S. 27). Hinzu kommt, dass Motive sich im Laufe des Lebens verändern. Gerade zum Thema Weiterbildung deuten Studien darauf hin, dass für berufliche Entwicklungsziele negative Alterstrends bestehen (Bergmann 2007, S. 66).

Motivation 2

Für die Erklärung, warum Menschen an Weiterbildungsangeboten teilnehmen sowie für den Erfolg der Maßnahmen, eignen sich besonders die Ansätze der Motivationspsychologie (Gorges und Kuper 2015, S. 2). Denn sie beschäftigen sich mit der Erklärung menschlichen Handelns, von Verhaltensänderungen und der Identifikation der zugrunde liegende Motive (Schmithüsen und Ferring 2015, S. 67). Im Lernkontext kann die Motivation Aufschluss darüber geben, was einen Menschen antreibt, eine Lernhandlung aufzunehmen, und wie intensiv und ausdauernd er diese verfolgt.

2.1 Motivation und Motive müssen unterschieden werden

Motivation spielt in allen Lebenslagen und bei jeder Tätigkeit eine wesentliche Rolle und ist ein großes Forschungsfeld in der Psychologie (Spinath 2018, S. 7). Allgemein kann Motivation als aktuelle Bereitschaft zu einem bestimmten Verhalten bezeichnet werden (Holz 2007, S. 161). Motivation versucht eine Antwort auf die Frage nach der Ursache und dem Ziel menschlichen Verhaltens zu geben – mit Blick auf Richtung, Intensität und Ausdauer. Die Richtung erklärt, weshalb eine Person sich mit einer bestimmten Aufgabe und nicht mit einer anderen befasst. Die Intensität sagt etwas darüber aus, mit welcher Kraft und welchem Einsatz eine Aufgabe bewältigt wird, und die Ausdauer beschreibt, wie lange eine Person sich dabei engagiert bzw. wie hartnäckig ein Ziel verfolgt wird. Im Unternehmenskontext lässt sich so die Ursache für Engagement und für die Leistung von Mitarbeitern erklären (Nerdinger 2014, S. 420 f.). Für die Erklärung des Verhaltens spielen eine Vielzahl von Faktoren eine Rolle, die sich in personenbezogene und situationsbezogene Faktoren unterscheiden lassen (Heckhausen

© Springer Fachmedien Wiesbaden GmbH, ein Teil von Springer Nature 2019
G. Schiefer und C. Hoffmann, *Lernmotivation und Weiterbildungsbereitschaft älterer Mitarbeiter*, essentials, https://doi.org/10.1007/978-3-658-26125-2_2

und Heckhausen 2018, S. 4). Das individuelle Verhalten wird durch die Motive eines Menschen bestimmt. Motive können als Kraft oder Energie gesehen werden, die Menschen antreiben, und reichen von Hunger und Durst bis hin zu sozialen Motiven wie Macht, Leistung oder dem Wunsch nach sozialem Anschluss. Sie bestimmen maßgebend, was eine Person emotional anregt, welchen Aspekten der Umgebung sie Aufmerksamkeit schenkt, worauf sie sich zubewegt und was sie zu vermeiden versucht (Puca und Schüler 2017, S. 225). Motive werden wiederum durch Anreize angeregt, die in einer Situation entstehen und zum Handeln oder Nichthandeln auffordern. Motivation entsteht letztlich aus der Wechselwirkung zwischen den Motiven einer Person und den Bedingungen der Situation (Nerdinger 2014, S. 420; Brinkmann 2009, S. 14 f.). Sie lässt sich zusammenfassend definieren als „Produkt aus individuellen Merkmalen von Menschen, ihren Motiven, und den Merkmalen einer aktuell wirksamen Situation, in der Anreize auf die Motive einwirken und sie aktivieren" (Nerdinger 2014, S. 421). Der Zusammenhang wird in Abb. 2.1 dargestellt.

Es werden grundsätzlich zwei Arten von Motivation unterschieden: intrinsische und extrinsische Motivation (Winkler 2005, S. 147; Heckhausen und Heckhausen 2018, S. 6). Intrinsische Motivation entsteht aus der Person selbst heraus und wird von persönlichen Anreizen angetrieben. Die Person handelt aus eigenem Interesse und empfindet die Handlung an sich als motivierend. Extrinsische Motivation ist von außen gesteuert, z. B. durch Entlohnung, Beförderung und Anerkennung. Ohne diesen Antrieb von außen würde keine Handlung stattfinden. Motivierend ist das Ziel der Handlung, nicht diese selbst. Studien zeigen, dass diese nur einen kurzfristigen positiven Effekt haben. Intrinsische Motivation hingegen wirkt sich längerfristig positiv aus (Schmithüsen und Ferring 2015, S. 68; Holz 2007, S. 163; Winkler 2005, S. 147).

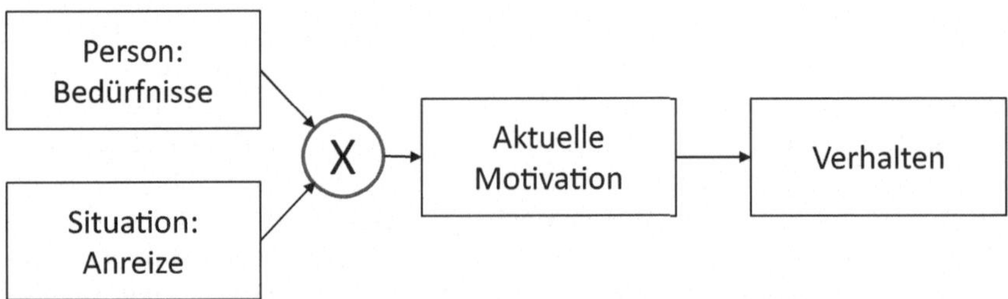

Abb. 2.1 Wechselwirkung zwischen Motiven und Anreizen. (Nach Rheinberg 2008, S. 248; mit freundlicher Genehmigung von © W. Kohlhammer GmbH. All Rights Reserved)

2.2   Motivation im Arbeitskontext als zentrale Größe

Im Arbeitskontext kommt der Motivation eine zentrale Bedeutung zu, denn sie bestimmt die Arbeitszufriedenheit und das Commitment dem Unternehmen gegenüber. Zudem ist sie eine wichtige Variable zur Innovations-, Leistungs- und Lernfähigkeit und entscheidet maßgeblich über den Erfolg von Individuen, Teams und Organisationen. Unternehmen wünschen sich daher eine möglichst hoch motivierte Belegschaft (Holz 2007, S. 161). Die Mitarbeitermotivation stellt eine der größten Herausforderungen in Unternehmen dar und wird durch eine Vielzahl von Einflussgrößen bestimmt, z. B. durch die Unternehmenskultur, die interne Kommunikation und unternehmensspezifische Werte, Normen und Regeln sowie durch die Tätigkeit selbst und die Beziehung zu Vorgesetzten und Kollegen (Brinkmann 2009, S. 16 ff.). Eine Schlüsselrolle nehmen hier die Führungskräfte und das Management ein. Durch deren Führungsstil, die Anerkennung für Leistungen und Engagement, Feedback und Mitarbeitergespräche nehmen sie Einfluss auf die Motivation ihrer Mitarbeiter (Kehr et al. 2018, S. 594).

Von sogenannten Motivationsbarrieren spricht man im Unternehmenskontext, wenn Einflussfaktoren die Motivation behindern. Die wichtigsten allgemeinen Quellen für Demotivation sind fehlende Informationen, Aufgabendelegation ohne Verantwortung, mangelnde Anerkennung der Leistung sowie schneller Wechsel von Führungskräften und zu instabile Strukturen und Abläufe. Eine über längere Zeit anhaltende Demotivation kann dazu führen, dass der Arbeitnehmer seine Einstellung anpasst, was zur inneren Kündigung führen kann, oder er verlässt unter Umständen sogar das Unternehmen. Ein Mitarbeiter, der innerlich gekündigt hat, ist weder lernbereit noch offen für Neues. Er wird nur noch ein Mindestmaß an Leistung erbringen (Lison 2007, S. 114 ff.). Durch was ein Mensch motiviert wird, ist sehr individuell, nicht jede Maßnahme eignet sich für jeden Mitarbeiter. Auch seine persönlichen Ziele hängen damit zusammen. Die Art des Ziels und die dahinterliegende Motivation beeinflussen die Wahrnehmung, das Erleben und das Verhalten des Mitarbeiters. In Abhängigkeit von der Art des Ziels ergeben sich deshalb unterschiedliche Methoden und Herangehensweisen für die Steigerung der Motivation (Moskaliuk 2015, S. 7 f.).

2.3   Der Zusammenhang zwischen Motivation und Lernen

Damit Lernprozesse erfolgreich gelingen können, bedarf es kognitiver Eigenschaften wie z. B. Intelligenz (Spinath 2017, S. 129 f.). Aus psychologischer Perspektive sind weiterhin einige Kompetenzen, zu denen auch Motivation gehört, entscheidend (Hasselhorn 2017, S. 12 f.). Nach Stamov-Roßnagel (2008) ist Lernmotivation sogar der zentrale Ansatzpunkt, der Lernen ermöglicht oder verhindert. Sie ist der Schlüsselfaktor, der zwischen grundsätzlicher Lern- und Leistungsfähigkeit und der tatsächlichen Aufnahme einer Lerntätigkeit steht. Lernmotivation kann daher als Auslöser für die Aufnahme von Lernvorhaben gesehen werden und gleichzeitig als Stütze, um die begonnene Lerntätigkeit nicht vorzeitig abzubrechen (Kolland 2016, S. 29). Für die Bereitschaft zur Teilnahme an Weiterbildungsangeboten und letztlich auch für erfolgreiche Lernergebnisse ist Lernmotivation also eine wichtige Voraussetzung. Die besondere Bedeutung der Motivation für Lernprozesse ergibt sich auch daraus, dass sie durch Umweltfaktoren beeinflussbar ist, auf die zum Beispiel durch anregende Lehr-Lernmethoden eingewirkt werden kann (Spinath 2017, S. 129). Unter den Begriff Lernmotivation fallen alle Beweggründe, Bedingungen, Einstellungen und Neigungen, die Lernen als Erfahrungsprozess fördern (Kolland 2016, S. 27). Weiterhin ist Lernmotivation als Sammelbegriff für verschiedene Motivationsarten zu sehen, die im Lernkontext eine Rolle spielen. Diese sollen die Frage beantworten, warum ein Mensch lernt bzw. was ihn dazu antreibt und wie intensiv und ausdauernd er dies tut. Menschen haben ganz unterschiedliche Lernmotive, die aus einer Person-Umwelt-Beziehung entstehen und kognitive, emotionale und aktionale Komponenten beinhalten (Siebert 2006, S. 65). Für eine Person kann das Motiv eventuell der Wissenserwerb an sich sein, eine zweite Person versucht dagegen, ein anderes Motiv wie beruflichen Aufstieg durch den Wissenserwerb abzudecken (ebd.). Die wichtigsten Konstrukte der Lernmotivation sowie deren Bedeutung im Lernprozess sind in Tab. 2.1 dargestellt.

Die Ausprägung der Lernmotivation einer Person ist folglich abhängig von der wechselnden Beziehung zwischen ihren Persönlichkeitsmerkmalen und den Anreizen der Situation selbst, zum Beispiel wie hoch das Interesse am Lerngegenstand ist, ob die Lernsituation als Herausforderung angesehen wird, der Lernende Angst hat zu versagen und wie sicher er sich ist, Erfolg zu haben (Kolland 2016, S. 33). Der Einfluss der Persönlichkeit zeigt sich auch bei der Art der Ursachenzuschreibungen und dem Selbstkonzept einer Person. Hatte diese in einer Lernsituation Erfolg oder Misserfolg, sucht sie nach Gründen und Ursachen (Kausalattribution). Die Ursache kann sowohl in der Person selbst (internal) als auch in äußeren Umständen (external) liegen. Erfolgsmotivierte Lernende tendieren dazu, ihre Erfolge internalen Faktoren zuzuschreiben, also ihren eigenen Fähigkeiten. Bei Misserfolgen sehen sie die Gründe eher in externalen Faktoren, wie in fehlender Vorbereitungszeit oder Pech. Dieses Attributionsmuster wirkt sich auf Erwartung und Anreiz motivational sehr günstig aus. Misserfolgsängstliche Lerner hingegen sehen eigene Erfolge häufiger als Glück oder Zufall an und

Tab. 2.1 Konstrukte der Lernmotivation und deren Bedeutung für den Lernprozess. (Eigene Darstellung in Anlehnung an Spinath 2015, S. 57 ff.; Axhausen et al. 2002, S. 31; Siebert 2006, S. 60 ff.; Moskaliuk 2015, S. 7 ff.)

Konstrukt	Bedeutung für den Lernprozess
Intrinsische Motivation	Die Gründe für die Beschäftigung mit einer Lernaufgabe liegen in dieser selbst und werden als belohnend empfunden. Die Effizienz eines intrinsisch motivierten Lernprozesses ist größer als die eines extrinsisch motivierten
Extrinsische Motivation	Die Beschäftigung mit einer Lernaufgabe erfolgt aufgrund äußerlicher Anreize, z. B. in Form einer Belohnung wie Anerkennung oder finanzielle Mittel
Interesse	Menschen entscheiden sich oft entsprechend ihrer Interessen für eine bestimmte Weiterbildung. Interesse ist die Basis für ihre Handlungen
Erwartungen und Werte	Ohne Aussicht auf Erfolg und ohne einen Nutzen wird eine Person sich nicht der Mühe des Lernens aussetzen
Zielorientierungen	Lernziele richten sich auf die persönliche Entwicklung aus und darauf, die eigenen Fähigkeiten zu erweitern. Lernziele können zur Steigerung des Wohlbefindens führen und die intrinsische Motivation steigern
Leistungsmotiv	Das Streben nach Erfolg, Bewältigen von herausfordernden Aufgaben und Auseinandersetzung mit einem Gütemaßstab ist das Anliegen des Leistungsmotivs
Selbstwirksamkeitserwartung (SWE)	Die subjektive Überzeugung, mithilfe der eigenen Kompetenzen die Herausforderung der Lernhandlung meistern zu können. Diese ist maßgeblich dafür, welche Ziele ein Lernender sich setzt und welche Anstrengungen er unternimmt, um sie zu erreichen
Offenheit	Offenheit stellt eine der fünf Grundmotivationen aus der Persönlichkeitspsychologie dar. Ohne Offenheit Neuem gegenüber und damit einer generellen Lernbereitschaft sind auch Lernanreize wirkungslos

Misserfolge als Mangel an den eigenen Fähigkeiten. Erfolgssituationen haben daher einen geringen Belohnungswert, Misserfolge dagegen zeigen sich in starker Betroffenheit und wirken sich ungünstig auf die Erfolgserwartung in künftigen Lernsituationen aus. Die Forschung zeigt, dass Erfolgsmotivierte ein besseres und realistischeres Fähigkeitsselbstkonzept haben und sich kompetenter einschätzen als Misserfolgsängstliche (Hasselhorn 2017, S. 24 ff.). Die Erfahrungen, die mit Lernsituationen in der Vergangenheit gemacht wurden, wirken sich auf die Selbstwirksamkeitserwartung aus und stärken oder schwächen diese (Korge und Piele 2014, S. 16). Beim Lernen spielen jedoch auch Motive eine Rolle, die nicht unter den Begriff der Lernmotivation fallen, wie sozialer Austausch oder körperliche Bedürfnisse wie Hunger und Müdigkeit. Diese können mit der Motivation zu lernen konkurrieren und diese überlagern (Spinath 2015, S. 56).

Der ältere Arbeitnehmer

3

3.1 Differenzierungen zwischen Alter und Altern

Alter genau zu definieren, erweist sich als schwierig, da es sich um einen überaus komplexen Begriff handelt und somit keine einheitliche Definition existiert. Spricht man von Alter, so ist in der Regel das chronologische Alter gemeint und damit die Zeit, die seit der Geburt vergangen ist. Es beschreibt einen Zustand zu einem gegebenen Zeitpunkt (Godde et al. 2016, S. 10 f.). Ab wann ein Mensch alt ist, kategorisiert die Weltgesundheitsorganisation (WHO) wie folgt: Alternde Menschen sind 45–59-Jährige, zu den älteren Menschen zählen die 60–75-Jährigen und zu den alten Menschen gehören alle ab 76 Jahren (Winkler 2005, S. 129). Diese Einteilung bezieht sich auf das chronologische Alter, lässt jedoch außer Acht, dass das Alter nicht eindimensional ist. Es besteht aus weiteren Facetten, wie dem biologischen Alter, dem psychologischen, sozialen und subjektiven Alter. Diese verschiedenen Altersfacetten können innerhalb eines Individuums ganz unterschiedlich ausgeprägt sein. Eine Person kann sich daher subjektiv jünger oder älter fühlen, als sie ist, oder sich gesundheitlich in einem besseren oder schlechteren Zustand befinden, als dies vom kalendarischen Alter erwartet würde. So kann beispielsweise bei einer älteren Person das Herz durch sportliche Betätigung in einer besseren Verfassung sein als bei einem gleichaltrigen oder sogar jüngeren Menschen, der keinen Sport treibt (Seyfried 2011, S. 8 ff.). Der Altersbegriff ist daher sehr differenziert zu betrachten.

Ein fester Zeitpunkt, ab dem das Alter beginnt, lässt sich nicht festlegen. Das Verständnis von Altern bzw. des Alterungsprozesses und „Altsein" ist zudem immer auch kontextabhängig und wird durch die Gesellschaft bestimmt bzw. verändert sich auch mit dieser (Kruse 2011, S. 827). Die gesellschaftlichen Altersbilder werden beeinflusst durch die Wertschätzung, die alten Menschen

© Springer Fachmedien Wiesbaden GmbH, ein Teil von Springer Nature 2019
G. Schiefer und C. Hoffmann, *Lernmotivation und Weiterbildungsbereitschaft
älterer Mitarbeiter,* essentials, https://doi.org/10.1007/978-3-658-26125-2_3

entgegengebracht wird. Positive oder negative Einstellungen sowie die Kultur einer Gesellschaft bestimmen den Umgang mit alten Menschen, der von achtungsvoll bis diskriminierend variiert und oft mit Vorurteilen behaftet ist (Schmidt 2011, S. 21 ff.; Kolland 2010, S. 61 f.). Auch im Arbeitskontext lässt sich keine klare Grenze ziehen, ab wann Erwerbstätige den älteren Arbeitnehmern zugeordnet werden können. Die OECD definiert diese heterogene Gruppe als „Personen, die in der zweiten Hälfte ihres Berufslebens stehen, das Pension-/ Rentenalter noch nicht erreicht haben und gesund und arbeitsfähig sind" (Godde et al. 2016, S. 13). In den meisten Branchen zählen bereits Personen zwischen 45 und 50 Jahren zu den älteren Arbeitnehmern (Seyfried 2011, S. 8 f.; Winkler 2005, S. 129). Auch die Bundesarbeitsagentur zählt Arbeitnehmer ab 45 Jahren zu den Älteren und viele politische Initiativen sprechen vom Mitarbeiter 50+ (Stamov-Roßnagel 2008, S. 29 f.). Dadurch wird deutlich, dass die Zuordnung zu den Älteren durch eine gewisse Beliebigkeit gekennzeichnet ist und je nach Definition stark schwankt (Grabbe und Richter 2014, S. 85).

Die Begriffe Alter und Altern sind trotz ihrer Ähnlichkeit in ihrer Bedeutung zu unterscheiden. Das Alter beschreibt einen Zustand zu einem gegebenen Zeitpunkt, das Altern dagegen einen multidimensionalen Prozess. Dieser plastische, höchst individuelle und lebenslange Veränderungs- und Entwicklungsprozess ist gekennzeichnet durch eine Reihe physiologischer und kognitiver Funktionseinbußen, die mit zunehmendem Altem eintreten (Godde et al. 2016, S. 11). Dabei folgt physisches Altern anderen Entwicklungsgesetzen als seelisches und geistiges Altern. Diese können durchaus mit Wachstumsprozessen und Kompetenzerwerb verbunden sein (Kruse 2011, S. 827). Wann und in welcher Geschwindigkeit Funktionseinbußen auf den verschiedenen Ebenen auftreten, ist z. B. durch die Lebensumstände sowohl positiv als auch negativ beeinflussbar (Godde et al. 2016, S. 11). Alterungsprozesse werden stark von der Umwelt einer Person beeinflusst, durch eine Wechselwirkung von internen Faktoren (z. B. Genetik), externen Faktoren (z. B. soziales Umfeld) sowie Verhaltensweisen und Lebensstil (z. B. Ernährung, Aktivität, Beruf), wodurch Altern sehr individuell ist (ebd., S. 10 f.). Durch die vielfältigen Einflüsse, die das Altern determinieren, werden die Unterschiede zwischen Menschen über die Lebensspanne größer (ebd., S. 129). Bei einer Gruppe von gleichaltrig alten Personen kann sich die Funktionsfähigkeit körperlicher und geistiger Fähigkeiten stark voneinander unterscheiden (Lehr und Kruse 2006, S. 241). Je älter ein Mensch ist, desto weniger sagt sein kalendarisches Alter etwas über seine Fähigkeiten, Kompetenzen, sein Verhalten und Erleben aus. Die Alterspsychologie hat in den letzten 30 Jahren über 100 verschiedene Alternsformen identifiziert (Lehr 2007, S. 6).

3.2 Veränderungen des Alternskonzepts: vom Defizit- zum Kompensationsmodell

Alternsprozesse können aus verschiedenen Blickwinkeln betrachtet werden und es gibt zahlreiche Theorien aus Biologie, Psychologie und Soziologie. Während die Biologie Altern hauptsächlich als körperlichen Abbauprozess betrachtet, bringt die soziologische Perspektive auch den Einfluss von Lebenserfahrungen mit ein (Grabbe und Richter 2014, S. 85). Psychologische Theorien verstehen Altern als lebenslangen Entwicklungsprozess und beschäftigen sich mit den Veränderungen physischer, psychischer und sozialer Kompetenzen (Godde et al. 2016, S. 17). Da Motivation ebenfalls ein psychologisches Konstrukt ist, eignen sich die psychologischen Theorien des Alterns auch zur Erklärung von Motivationsveränderungen über die Lebensspanne. Seit dem Beginn der systematischen Altersforschung, etwa um das Jahr 1918, wurden zahlreiche Theorien entwickelt und das Verständnis für Alternsprozesse hat sich stark verändert. Anfangs standen vor allem Fragen nach Intelligenz und Reaktionsfähigkeit im Mittelpunkt der Untersuchungen (Lehr 2007, S. 15). Einige Studien aus den USA kamen zu dem Schluss, die Intelligenzleistung lasse bereits ab dem Alter von 30 Jahren beträchtlich nach. Diese frühen Forschungen sahen das Lebensalter als Hauptursache für einen Abfall geistiger Leistungsfähigkeit an. Das aus diesen Annahmen resultierende Defizitmodell dominierte das Bild des Alterns bis in die 1960er Jahre und führte zu negativen Alterszuschreibungen und Vorurteilen gegenüber älteren Menschen, gerade auch im betrieblichen Kontext (ebd., S. 48 ff.). Hierzu gehörten eine geringere Produktivität, schlechtere Gesundheit und chronische Erkrankungen sowie eine geringere Umstellungsbereitschaft. Weiterführende Forschungen, die das Defizitmodell hinterfragten, lösten dieses schließlich zugunsten einer differenzierteren Betrachtungsweise des Alters ab, woraus das Kompensationsmodell entstand. Danach ist die Leistungsfähigkeit nicht allein vom Alter abhängig, sondern wird von vielen Einflussfaktoren beeinflusst und ist zudem sehr individuell. Verschiedene Studien konnten nachweisen, dass zwischen Alter und dem Nachlassen der kognitiven Leistungsfähigkeit kein Zusammenhang besteht (Grabbe und Richter 2014, S. 85). Somit ist die Rede nicht mehr von einem generellen Abbau von Fähigkeiten mit zunehmendem Alter, sondern von deren Wandel. Während sich einzelne Fähigkeiten verändern, bleiben andere gleich und bestimmte Kompetenzen können sich sogar verbessern. Jede Entwicklungsphase bringt dabei sowohl Gewinne als auch Verluste mit sich (Godde et al. 2016, S. 31 f.; Lukas 2012, S. 79).

In den folgenden Jahren wurde eine Vielzahl psychologischer Modelle und Theorien entwickelt, die im Hinblick auf die Untersuchung der Motivation älterer Arbeitnehmer von Bedeutung sind, da sie Veränderungen von Motiven, Zielsetzungen und Arbeitseinstellungen über die Lebensspanne untersuchen bzw. einen Rahmen zur Erklärung bieten. Zu den wichtigsten Theorien gehören das Selektions-, Optimierungs- und Kompensations-Modell (SOK) von Baltes und Baltes (1990), die Sozioemotionale Selektivitätstheorie nach Carstensen (Carstensen 1992; Carstensen et al. 1999) sowie die Theorie der altersbedingten Veränderung der Arbeitsmotivation nach Kanfer und Ackerman (2004) und das 5-Faktoren-Modell des Verhaltens von Warr (2001). Die aktuellen Forschungen zur Thematik basieren zumeist auf diesen Theorien.

3.3 Leistungsfähigkeit älterer Arbeitnehmer

Das Leistungspotenzial eines Menschen verändert sich im Verlauf des Lebens. Einige Fähigkeiten gehen zurück und andere nehmen zu. Ältere Arbeitnehmer sind daher anders leistungsfähig als ihre jüngeren Kollegen. Die Entwicklung körperlicher und geistiger Leistungsfähigkeit verläuft hierbei nicht in gleicher Weise (Godde et al. 2016, S. 10).

Physiologische Leistungsfähigkeit älterer Arbeitnehmer
Mit einem Nachlassen der körperlichen Leistungsfähigkeit ist ab ca. 50 Jahren zu rechnen, wobei sich dies besonders bei physisch stark beanspruchenden Tätigkeiten zeigt. Hierbei handelt es sich um funktionale Fähigkeiten, wie die Muskelkraft, die Skelettmuskulatur, das Lungenvolumen und die Herz-Kreislauf-Tätigkeit, die im Laufe der Jahre abnehmen. Ebenso verhält es sich mit dem Seh- und Hörvermögen und die Reaktionszeit auf Reize verlängert sich. Mit zunehmendem Alter benötigt der Körper mehr Zeit, um sich an ungewohnte Tätigkeiten und Umweltbedingungen (z. B. Kälte, Hitze, Schlafdefizit) zu gewöhnen, beziehungsweise sich davon zu erholen (Brinkmann 2009, S. 7; Deller et al. 2008, S. 69). Die Entwicklung der körperlichen Leistungsfähigkeit wird durch den individuellen Lebensstil und Training beeinflusst. Eingeschränkte Beweglichkeit lässt sich durch ein gezieltes Training auch im Alter verbessern (Bergmann 2007, S. 61).

Kognitive Leistungsfähigkeit älterer Arbeitnehmer
Die geistige Leistungsfähigkeit ist ein Sammelbegriff für eine Vielzahl von Fähigkeiten. Sie sind weniger stark von Alterseinbußen betroffen als körperliche Leistungen. Geistig anspruchsvolle Tätigkeiten können meist auch erfolgreich bis

ins hohe Alter ausgeführt werden (Deller et al. 2008, S. 67 f.). Zwar baut auch die intellektuelle Leistungsfähigkeit ab, jedoch gibt es hier Kompensationseffekte und Längsschnittbefunde, die zeigen, dass im Durchschnitt erst ab ca. 80 Jahren deutliche Leistungsverringerungen zu verzeichnen sind (Martin und Zimprich 2012, S. 61). Altersveränderungen der Intelligenz werden auf zwei Ebenen betrachtet, der fluiden und der kristallinen Intelligenz (siehe Abb. 3.1). Fluide Intelligenz umfasst dabei Leistungsressourcen, die zur Bearbeitung kognitiver Anforderungen befähigt, bei denen nicht auf bereits vorhandenes Wissen zurückgegriffen werden kann. Fluide Intelligenz hängt mit der individuellen Kapazität des Arbeitsgedächtnisses zusammen und nimmt mit dem Alter ab. Kristalline Intelligenz hingegen basiert auf Wissen und Erfahrung und ist bis ins hohe Alter stabil beziehungsweise kann sogar zunehmen. Abnehmende fluide Fähigkeiten können so durch kristalline kompensiert werden, wie in Abb. 3.1 dargestellt (Deller et al. 2008, S. 68; Stamov-Roßnagel 2008, S. 31 f.).

Kompetenzverschiebungen älterer Arbeitnehmer
Viele Veränderungen im Leistungsvermögen passieren zwischen dem 55. und 65. Lebensjahr. Im Vergleich zu Jüngeren sind ältere Beschäftigte aber nicht weniger leistungsfähig, sondern anders (Brinkmann 2009, S. 8). Mit dem Alter nehmen nicht nur Lebens- und Berufserfahrung sowie betriebsspezifisches Wissen zu, sondern auch Urteilsfähigkeit, Zuverlässigkeit, Qualitätsbewusstsein, Kooperations- und Konfliktfähigkeit sowie die Angst vor Veränderungen. Bei Kompetenzen

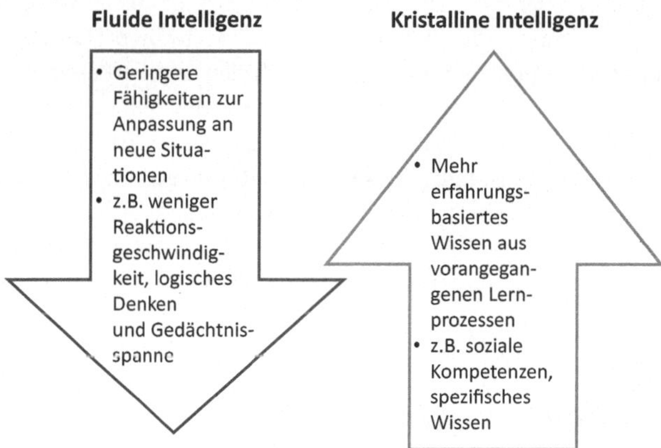

Abb. 3.1 Entwicklung kognitiver Fähigkeiten im Alter. (Nach Bruch und Kunze 2007, S. 74; mit freundlicher Genehmigung von © Schäffer-Poeschel Verlag. All Rights Reserved)

wie Leistungs- und Zielorientierung, Entscheidungs- und Kommunikationsfähigkeit geht man davon aus, dass diese gleich bleiben. Dagegen wird angenommen, dass körperliche Leistungsfähigkeit, geistige Beweglichkeit, Risikobereitschaft, Aufstiegsorientierung und die Lern- und Weiterbildungsbereitschaft eher abnehmen (Winkler 2005, S. 134; Bruggmann 2000, S. 25). Dass sich Kompetenzverschiebungen nicht unbedingt in der Arbeitsleistung widerspiegeln, könnte nach Deller et al. (2008, S. 68) an Kompensationseffekten liegen. Abnehmende fluide Fähigkeiten können in der Unternehmenspraxis oftmals durch andere Fähigkeiten kompensiert werden. Zudem suchen Mitarbeiter sich vermehrt Aufgaben, die ihnen entsprechen und die sie bewältigen können. Diese Strategie entspricht dem oben genannten Selektions-, Optimierungs- und Kompensations-Modell (SOK) von Baltes und Baltes (1990). Mit dem Alter individuell abnehmende Funktionen und Fähigkeiten können also in vielen Fällen ausgeglichen werden (Jaeger 2015a, S. 45). Allerdings nimmt mit steigendem Alter die Variabilität der Leistungsfähigkeit beträchtlich zu: Es gibt sowohl Menschen deren Leistung abnimmt, als auch Menschen deren Leistungsniveau stabil bleibt oder sogar zunimmt (Godde et al. 2016, S. 15). Dabei kommt es stark auf die Art der Tätigkeit an, ob diese physisch oder eher geistig anspruchsvoll ist. Die Streuung von Leistungsunterschieden bei älteren Arbeitnehmern ist innerhalb eines Altersjahrgangs größer als die zwischen den Altersgruppen. Die Leistungsfähigkeit eines Menschen kann durch ihn selbst und seine Arbeitsbedingungen beeinflusst werden, die körperlichen wie kognitiven Alterseinbußen können mit gesundheitsbewusstem Lebensstil und lernförderlichen Tätigkeiten hinausgezögert werden (Deller et al. 2008, S. 69). Ein Beispiel hierfür ist die Gestaltung der Tätigkeiten: Wenn die Arbeit keine oder geringe Lernanforderungen beinhaltet, können Fähigkeiten nicht genutzt werden und verkümmern. Dies kann als negative Altersentwicklung ausgelegt werden, obwohl tatsächlich fehlender Gebrauch der Grund ist (Bergmann 2007, S. 62; Jaeger 2015b, S. 30 f.). Altersbedingter Abbau der Leistungsfähigkeit kann durch gezieltes körperliches und kognitives Training teilweise verhindert, verzögert und auch rückgängig gemacht werden (Frerichs und Sporket 2016, S. 220). Die Leistungsfähigkeit kann also sowohl durch die älteren Arbeitnehmer selbst als auch durch das Unternehmen positiv beeinflusst werden.

3.4 Lernfähigkeit älterer Arbeitnehmer

Die neuronale Plastizität, also Veränderungen der Gehirnstruktur durch Lernprozesse, ermöglicht es Menschen, ein Leben lang zu lernen (Pinter et al. 2014, S. 238). Das erlaubt es ihnen, sich immer wieder an veränderte

Umweltbedingungen anzupassen und ihre Welt aktiv zu gestalten (Siebert 2006, S. 13; Kliegel et al. 2003 S. 422). Jeder gesunde Mensch ist lernfähig und kann diese Fähigkeiten üben und verbessern. Doch ohne Lernmotivation i. S. v. Lernbereitschaft verkümmert die Lernfähigkeit. Umgekehrt gilt, je mehr eine Person lernt, desto mehr wächst ihr Interesse am Lernen (Siebert 2006, S. 14). Was bei Älteren oftmals als geistiger Abbau erlebt wird, ist häufig nur ein Trainingsdefizit. Durch gezieltes Training kann die Arbeitsgedächtnisleistung während der gesamten Lebensdauer verbessert werden (Bastian et al. 2012, S. 611). Studien zeigen, dass geübte Ältere in Gedächtnisaufgaben sogar besser abschneiden können als untrainierte Jüngere (Loos 2017, S. 6 f.; Zacher et al. 2009; Kliegel et al. 2003). Dies verdeutlicht, wie wichtig es ist, ältere Arbeitnehmer im Lernprozess zu halten, damit ein solches Trainingsdefizit bzw. eine Lernentwöhnung nicht entstehen kann (Adenauer et al. 2015, S. 297). Die kognitiven Fähigkeiten in den Bereichen, in denen auf erworbenes Wissen zurückgegriffen werden kann, sind auch im Alter relativ stabil (Kliegel et al. 2003, S. 422). Die Frage, ob ältere Menschen generell schlechter lernen als jüngere, lässt sich daher aufgrund der Ergebnisse von vielen Forschungen mit Nein beantworten (Lehr 2008, S. 169). Trotzdem unterscheiden sich alte von jungen Menschen in ihrer Lernleistung. Die Art des Lernens ändert sich während der Lebensspanne (Brinkmann 2009, S. 8). Alterseffekte können unter anderem im Bereich des Gedächtnisses, der Aufmerksamkeit sowie bei der Planungs- und Problemlöseleistung beobachtet werden. Die Lerngeschwindigkeit nimmt im Laufe der Jahre ab, genauso wie die fluide Intelligenz und die Flexibilität beim Umgang mit Sinneseindrücken. Dadurch sind ältere Arbeitnehmer im Vergleich zu jüngeren weniger fokussiert und leichter abzulenken. Informationen werden langsamer verarbeitet, der Übergang vom Kurzzeit- ins Langzeitgedächtnis dauert etwas länger. Älteren fällt es schwerer, neue Informationen zu erlernen und zu erinnern (Winkler 2005, S. 145; Kliegel et al. 2003, S. 422 f.). Ist das Wissen aber verankert, ist die Erinnerungsfähigkeit ohne Unterschied zu jungen Menschen (Winkler 2005, S. 145). Ältere Menschen können sogar von einer positiven Entwicklung ihrer kristallinen Intelligenz profitieren. Die Erfahrung und das zunehmende Wissen älterer Arbeitnehmer, insbesondere Expertenwissen, spielen hierbei eine wichtige Rolle. Der Zugang zu bereits erworbenem Wissen wird mit dem Alter sogar effektiver (Grabbe und Richter 2014, S. 85 f.). Lernen ist für ältere Arbeitnehmer jedoch auch mit mehr Anstrengung und größerem Zeitaufwand (Pinter et al. 2014, S. 238) verbunden, weshalb der Lernmotivation eine so große Bedeutung zukommt. Nach Siebert (2006, S. 17) kompensiert eine hohe Lernmotivation eine abnehmende Gedächtniskapazität und fördert Konzentration und Ausdauer beim Lernen. Älteren Menschen fällt es zudem schwerer umzulernen, also bereits Gelerntes zu vergessen, um etwas Neues aufzunehmen (Winkler 2005, S. 145). Zudem ist Lernen für viele ältere Beschäftigte negativ geprägt, da sie in der Vergangenheit schlechte Erfahrungen gemacht haben und an Schulsituationen, unangenehme Prüfungserfahrungen oder an Lernen unter Zwang erinnert werden (Loos 2017, S. 5 f.). Die mit dem Alter geringer werdende Gedächtniserwartung führt zudem zur Formulierung weniger anspruchsvoller Lernziele, wodurch die Intensität von Lernanstrengungen vermindert wird. Dies kann als Strategie der Misserfolgsvermeidung angesehen werden (Stamov-Roßnagel 2008, S. 55).

Lernen im Rahmen von betrieblicher Weiterbildung, ob als Training oder informell, ist stärker kontextbezogen und komplexer als das Lernen in der Schule. Der Arbeitnehmer hat dabei eine hohe Eigenverantwortung und strukturiert den Lernprozess, vor allem beim informellen Lernen am Arbeitsplatz, zum Großteil selbst. Die Fähigkeit, selbstständig und effektiv zu lernen, wird auch als Lernkompetenz bezeichnet (Loos 2017, S. 13 f.). Diese umfasst Lernstrategien zur Aneignung und selbstständigen Strukturierung des Lernstoffes, Kontrollstrategien, um Lernziele zu bilden, sowie die Bewertung der Zielerreichung und schließlich geeignete Lernorientierungen (Stamov-Roßnagel 2008, S. 56). Studien zeigen, dass fehlende geeignete Lernstrategien sich stark auf die Lernleistung auswirken und so zu Altersdifferenzen beitragen. Bei den älteren Beschäftigten gibt es viele, die solche Lernstrategien nie erlernt haben. Sie müssen das Lernen sozusagen neu lernen (Adenauer et al. 2015, S. 297 f.; Kliegel et al. 2003, S. 427). Auch wenn die allgemeine Lernfähigkeit relativ altersstabil ist, gilt dies daher nicht im gleichen Maße für die Lernkompetenz. Diese verändert sich mit dem Alter, was nicht nur mit fehlenden Lernstrategien, sondern auch vor allem mit Veränderungen der Arbeitsmotivation, Verschiebung von Zielen und Veränderungen in der Selbstwirksamkeitserwartung zusammenhängt. Lernkompetenz verkümmert, wenn sie nicht genutzt wird, so wie jede Fähigkeit. Sie ist jedoch trainierbar. Eine nur gering ausgeprägte Lernkompetenz kann auch bei guter Lernfähigkeit, die Lernmotivation negativ beeinflussen (Stamov-Roßnagel 2008, S. 41 ff.). Im Unternehmenskontext ist die Lernkompetenzentwicklung die Aufgabe der betrieblichen Weiterbildung (Siebert 2006, S. 13). Abschließend lässt sich zusammenfassen, dass ältere Arbeitnehmer weder weniger leistungsfähig noch lernunfähig sind. Die Basis für den Erwerb neuer Kenntnisse und Fertigkeiten sowie die Teilnahme an Weiterbildungsmaßnahmen ist damit also gegeben. Ob eine Teilnahme- und Lernbereitschaft jedoch auch vorhanden ist, wird im folgenden Kapitel näher betrachtet.

Arbeitsmotivationsfaktoren älterer Arbeitnehmer

4

4.1 Altersbedingte Verschiebungen von Motivationsfaktoren

Einfluss auf die Lernmotivation eines Arbeitnehmers zu nehmen, ist keine einfache Angelegenheit (Loos 2017, S. 39). Die Lernmotivation ist ein Konstrukt aus vielen verschiedenen Motivationsarten und die Lernbereitschaft eines Menschen ist komplex und wird von vielen Faktoren beeinflusst. Für Unternehmen stellt sich die Frage, wo sie ansetzen können und welche Maßnahmen sich eignen, um speziell die Lern- und Weiterbildungsmotivation älterer Mitarbeiter zu fördern. Ein besonders wichtiger Faktor ist die intrinsische Motivation, denn die Effizienz eines innerlich motivierten Lernprozesses ist deutlich größer als die eines extrinsisch motivierten und wirkt sich längerfristig positiv aus (Schmithüsen und Ferring 2015, S. 68; Holz 2007, S. 163; Winkler 2005, S. 147). Doch die intrinsische Motivation lässt sich schwer von außen beeinflussen. Unternehmen können zur Förderung die Rahmenbedingungen beeinflussen und diese begünstigend sowie lernförderlich gestalten, indem sie die Motivationsfaktoren ihrer älteren Mitarbeiter kennen und berücksichtigen. Um diesem Ziel näher zu kommen, ist es zunächst wichtig zu verstehen, dass die Motivation sich über die Lebensspanne hinweg verändert.

Zur Arbeitsmotivation älterer Beschäftigter zeigt die Forschung, dass diese nicht weniger motiviert sind als jüngere, jedoch andere Faktoren eine Rolle spielen (Kehr et al. 2018, S. 608; Büsch et al. 2012, S. 908). Es zeigte sich im Gegenteil, dass viele der Befragten mit zunehmendem Alter sogar noch motivierter arbeiteten (Ng und Feldman 2012, S. 838). Trotz einer allgemein hohen Arbeitsmotivation verändern sich die Motivklassen eines Menschen mit zunehmendem Alter. Rhodes (1983) war eine der ersten, die sich umfassend mit altersbedingten

© Springer Fachmedien Wiesbaden GmbH, ein Teil von Springer Nature 2019   17
G. Schiefer und C. Hoffmann, *Lernmotivation und Weiterbildungsbereitschaft älterer Mitarbeiter,* essentials, https://doi.org/10.1007/978-3-658-26125-2_4

Veränderungen von Arbeitsmotiven beschäftigte. Sie kam zu dem Ergebnis, dass im Alter das Bedürfnis nach Sicherheit und die Bedeutung sozialer Motive zunehmen, während die Bedeutung persönlicher Weiterentwicklung abnimmt (ebd., S. 352). Seitdem erschienen zahlreiche weitere Studien, die diese Ergebnisse vielfach bestätigten und ergänzten (Ng und Feldman 2012; Kooij et al. 2011). Neuere Studien zeigten, dass ältere Mitarbeiter im Allgemeinen eine positivere Einstellung zu ihrem Arbeitsplatz haben als jüngere sowie tendenziell positivere Beziehungen zu Kollegen und Vorgesetzten (Ng und Feldman 2010, S. 694 ff.). Weiterhin werden Arbeitsmerkmale und -ergebnisse (z. B. Konkurrenz, Macht), die ein hohes Maß an persönlichen Ressourcen erfordern, sowie extrinsische Faktoren (z. B. Karriere, materielle Belohnungen) von älteren Beschäftigten als weniger motivierend empfunden als intrinsische Motivatoren (z. B. Autonomie) (Inceoglu et al. 2011, S. 323 f.). Dies gilt auch für Gehaltsaspekte, sie spielen für die Arbeitsmotivation Älterer eine untergeordnete Rolle (Büsch et al. 2012, S. 910). Eine Begründung findet sich darin, dass die Zielinhalte eines Menschen sowie der wahrgenommene Nutzen einer höheren Arbeitsleistung sich über die Lebensspanne verändern. So fördern extrinsische Belohnungsziele wie eine höhere Vergütung oder Beförderungen bei älteren Mitarbeitern nicht mehr im gleichen Maße Motivation wie bei jüngeren Mitarbeitern (Kanfer und Ackerman 2004, S. 451). Ältere Arbeitnehmer priorisieren Ziele im Bereich betrieblichen Engagements, während Jüngere Ziele in den Bereichen Weiterbildung, Karriere und Entlohnung favorisieren. Diese Ergebnisse stimmen auch mit der oben genannten sozioemotionalen Selektivitätstheorie überein, in der jüngere Menschen nach Maximierung und Wissenserwerb streben und ältere eher Wissen anwenden und weitergeben möchten, wie zum Beispiel in der Beratung jüngerer Kollegen oder in der Übernahme von Mentorenrollen (Zacher et al. 2009, S. 197 f.). Mit dem Alter steigt der Wunsch nach einem guten Arbeitsklima, Autonomie und Freude an der Arbeit. Dagegen geht der Wunsch nach Lernen, Feedback sowie Aufgabenvielfalt zurück (Hertel et al. 2007).

Eine weitere Erkenntnis ist, dass die Arbeitsmotivation bei älteren Arbeitnehmern auch aufgabenspezifischer wird. In Anlehnung an das SOK-Modell entwickeln ältere Beschäftigte demnach keine einheitliche Arbeitsmotivation, sondern Motivationsprofile, die mit zunehmendem Alter immer komplexer werden. Diese höhere Komplexität ermöglicht es ihnen, den wahrgenommenen oder tatsächlichen Rückgang von Fähigkeiten und persönlichen Ressourcen bei bestimmten Aufgaben zu kompensieren, indem der Motivationsfokus auf andere Aufgaben verlagert wird (Stamov-Roßnagel und Hertel 2010, S. 894 ff.). Kooij et al. (2008, S. 383) fügen hinzu, dass sie Aufgaben bevorzugen, die Allgemeinwissen erfordern sowie positive Affekte und das Selbstkonzept unterstützen.

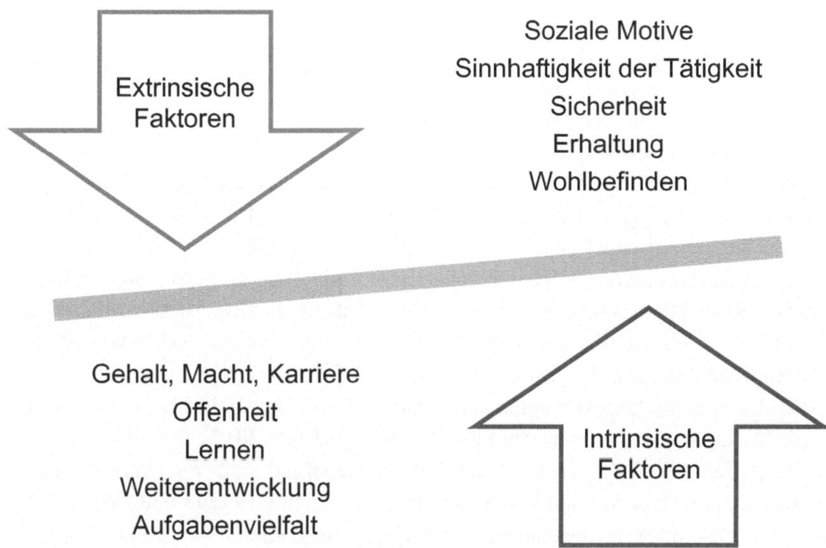

Abb. 4.1 Altersbedingte Veränderungen der Motivation. (Eigene Darstellung)

Älteren Erwerbstätigen ist zudem die wahrgenommene Sinnhaftigkeit der eigenen Tätigkeit sehr wichtig und das Bedürfnis nach der Optimierung des psychischen Wohlbefindens steigt (Stamov-Roßnagel und Hertel 2010, S. 900 f.). Außerdem konnte aufgezeigt werden, dass mit steigendem Alter eine Verschiebung von Offenheit für Veränderungen hin in Richtung Erhaltung stattfindet. Diese Verschiebung der Motivationsfaktoren älterer Arbeitnehmer ist in Abb. 4.1 dargestellt.

4.2 Lern- und Weiterbildungsmotivation älterer Mitarbeiter

Die Lernmotivation sowie das Bedürfnis, neue, arbeitsbezogene Fähigkeiten zu erlernen, ist bei älteren Mitarbeitern geringer ausgeprägt als vergleichsweise bei jüngeren (Kanfer und Ackerman, 2000, S. 479). Um die Lernmotivation dennoch zu fördern, gilt es zunächst aufzuzeigen, aus welchen Gründen ältere Mitarbeiter sich für eine Weiterbildung entscheiden, welche Anreize einer Lernsituation sie als motivierend empfinden und wie sie gerne lernen. Die aktuelle Forschung kommt hier zu einer wichtigen Erkenntnis, nämlich der Bedeutung des wahrgenommenen Nutzens einer Weiterbildungsteilnahme. Je höher der Nutzen wahrgenommen wird, desto höher ist die Weiterbildungsbereitschaft. Dabei kommt es vor allem darauf an, dass durch die Maßnahme die Ziele einer Person erreicht werden können und dass die Person es für wahrscheinlich hält, die Weiterbildung erfolgreich absolvieren zu können (Walter und Müller 2012, S. 11). Auch hier ist ein Bezug zur Selbstwirksamkeitserwartung älterer Beschäftigter zu finden. Niedrige Teilnahmequoten älterer Arbeitnehmer könnten folglich darauf hindeuten, dass bei diesen Gruppen der subjektiv erwartete Nutzen einer Teilnahme gemessen an den individuellen Restriktionen relativ gering ausfällt (ebd., S. 11 ff.). Ältere Arbeitnehmer entscheiden sich oft für Anpassungsqualifizierungen, die das vorhandene Wissen vertiefen und sie auf den aktuellen Stand der Technik bringen. Ihr Ziel besteht meist darin, einen Expertenstatus aufzubauen bzw. zu festigen. Für sie ist der Verbleib im Unternehmen von zentraler Bedeutung (Loos 2017, S. 7; BMAS 2014, S. 32 f.). Bei der Wahl einer Weiterbildungsmaßnahme sind vor allem die Lernfreude, soziale Kontakte und Wissenserweiterung wichtig (Walter und Müller 2012, S. 11). Lernsettings, die besonders erfolgversprechend sind, haben einen Bezug zur Arbeit, unterstützen das Selbstwirksamkeitserleben und selbstorganisiertes Lernen. Zudem geben sie Raum für Austausch mit anderen und ermöglichen ungestörtes Lernen. Der Zeitaufwand darf nicht zu groß werden, da sonst das Lernen zu schwerfällt (Korge und Piele 2014, S. 216 ff.; BMAS 2014, S. 33).

Der Lerngegenstand ist im Alter umso wichtiger, wenn sich daraus praktische Anwendungsmöglichkeiten im Alltag ergeben (Kolland 2016, S. 49). Ältere Mitarbeiter sind durch ihre Erfahrungen geprägt und knüpfen gerne und leichter an bereits vorhandenes Wissen an (Adenauer et al. 2015, S. 300). Weiterhin profitieren sie sehr von informellen Lernsituationen, was klassische Schulungen und Trainings jedoch nicht ausschließt (Loos 2017, S. 7). Ein wichtiger Motivator für ältere Arbeitnehmer ist zudem Unterstützung, sowohl im privaten als auch im beruflichen Umfeld. Dies bezieht sich in diesem Zusammenhang auf Kollegen oder Vorgesetzte, die das Lernen befürworten, Mut machen und eventuell auch eine Vorbildfunktion einnehmen (Korge und Piele 2014, S. 216 ff.).

4.3 Motivationsbarrieren, Lernhindernisse und abnehmende Weiterbildungsmotivation

Ältere Arbeitnehmer können Neues lernen und sind leistungsfähig, doch häufig wird von Kollegen, Vorgesetzten und den Mitarbeitern selbst das Gegenteil angenommen. Warum dies so ist, lässt sich nicht auf einen einzigen Grund zurückführen, es ist vielmehr ein Zusammenspiel aus Vorurteilen, widrigen Umständen und selbsterfüllenden Prophezeiungen (Loos 2017, S. 5).

Eine Ursache für fehlende bzw. abnehmende Lern- und Weiterbildungsmotivation ist sicher den altersbedingten Veränderungen der Motivation zuzuschreiben. Motive, Ziele sowie Interessen, Charakterzüge und Werte können sich über die Lebensspanne verändern. Doch eine Erklärung, die ausschließlich an der individuellen Motivation ansetzt, greift zu kurz, denn die Lern- und Weiterbildungsbereitschaft Älterer kann ebenso eine Reaktion auf die konkrete inhaltliche und methodisch-didaktische Angebotsgestaltung sowie auf die zum Teil defizitären Motivationsbemühungen und Beteiligungspraktiken der Arbeitgeber sein (Frerichs 2007, S. 81). Fehlende Angebote und Strukturen erschweren die Teilnahme an Weiterbildung natürlich. Nur 9 % aller Betriebe beziehen Ältere gezielt in die betriebliche Weiterbildung mit ein und spezielle Maßnahmen für Ältere werden nur von 1 % angeboten (BMAS 2014, S. 15 f.).

Eine verminderte Lernmotivation von älteren Mitarbeitern wird zudem verstärkt, weil Kollegen, Freunde und Vorgesetzte genau dies von einer Person erwarten (Stamov-Roßnagel und Hertel 2010, S. 897). Subjektive Vorstellungen, die andere von Eigenschaften, Attributen und Verhaltensweisen (Hanrahan et al. 2017, S. 373) älterer Menschen haben, auch Altersbilder genannt, prägen das Fremd- und Selbstbild älterer Mitarbeiter und beeinflussen die tatsächliche kognitive und physische Leistungsfähigkeit sowie den Lebensstil im Alter wesentlich (Schmidt 2001, S. 21 ff.). Ältere sehen sich oft mit Vorurteilen und Klischees konfrontiert. Zu den häufigsten negativen Vorurteilen gehören, sie seien weniger motiviert, bildeten sich nur ungern weiter, wollten sich nicht verändern, seien häufiger krank und widmeten sich lieber ihrem Privatleben als ihrem Beruf. Ng und Feldman (2012) entkräfteten die meisten dieser Stereotype in ihrer Studie – bis auf die abnehmende Weiterbildungsmotivation. Allerdings waren die Zusammenhänge zwischen Alter und Weiterbildungsmotivation nur klein. Doch trotzdem halten sich Altersstereotype oft hartnäckig, was für die älteren Arbeitnehmer Konsequenzen mit sich bringt. So können Stereotype zu einer Altersdiskriminierung führen. Wird diese von den Mitarbeitern wahrgenommen, sind sie wiederum weniger motiviert und übernehmen die Stereotype möglicherweise sogar. Wenn sie im Firmenalltag wiederholt erleben, dass sie allein wegen ihres Alters benachteiligt oder gering geschätzt werden, verfestigt sich der Eindruck, dass die Unternehmensleitung ihrer Arbeit wenig Rückhalt und Verständnis entgegenbringt. Die wahrgenommene Altersdiskriminierung führt zu einer höheren Versagensangst und kann dann, im Sinne einer selbsterfüllenden Prophezeiung, den leistungsorientierten Einsatz für das Unternehmen schwächen (Rabl 2010, S. 460 ff.). Dieser Effekt kann sich auch auf die Lern- und Weiterbildungsmotivation auswirken. Bei begrenzten Möglichkeiten für Beförderung, Training und Entwicklung reduzieren sich die Weiterbildungsmotivation und die Beschäftigungsfähigkeit älterer Arbeitnehmer, wodurch die Altersnormen und Stereotypen wiederum bestätigt werden (Rosenstiel, von 2009, S. 44; Kooij et al. 2008, S. 383). Auch das Arbeitsklima und das Verhältnis zu anderen Altersgruppen kann durch Stereotype geschädigt werden (Hanrahan et al. 2017, S. 374 f.).

Die altersabhängigen Veränderungen der Arbeitsmotivation sind eng verknüpft mit der individuellen Selbstwirksamkeitserwartung. Im Bezug zur betrieblichen Weiterbildung umfasst diese die subjektive Überzeugung, zur Erweiterung und Verbesserung beruflicher Kenntnisse und Fertigkeiten in der Lage zu sein. Weiterbildungsbezogene Selbstwirksamkeitsüberzeugungen älterer Mitarbeiter sinken mit hoher Wahrscheinlichkeit aufgrund von seltener werdenden Erfolgserlebnissen, eigenen oder stellvertretenden negativen Erfahrungen durch Altersstereotype, nachlassende soziale Unterstützung sowie mit der Erwartung, dass die eigene Gedächtnisleistung mit dem Alter abnimmt. Die Selbstwirksamkeitserwartung hat jedoch eine hohe Bedeutung für Lernmotivation und die freiwillige Teilnahme an Weiterbildungsmaßnahmen (Stamov-Roßnagel 2008, S. 62 ff.). Studien zeigen hier, dass ältere Arbeitnehmer ihre arbeitsbezogenen Kenntnisse als kaum veränderbar ansehen und damit eine geringe Selbstwirksamkeitserwartung aufweisen (Maurer et al. 2003).

Motivationsbarrieren existieren ebenso in der jeweiligen älteren Person selbst, in ihren Gedanken, Einstellungen und Verhaltensweisen (Brinkmann 2009, S. 67 f.). Besonders in Bezug zur betrieblichen Weiterbildung haben ältere Beschäftigte oftmals Bedenken und erhebliche Selbstzweifel. Im betrieblichen Kontext können diese Motivationsbarrieren als Handlungshindernisse gegenüber der Weiterbildung wirken (Axhausen et al. 2002, S. 24 ff.). Ältere Arbeitnehmer sehen abgesehen davon oftmals gar keinen Weiterbildungsbedarf bei sich selbst und sind der Meinung, die Teilnahme lohne sich für sie nicht mehr. Auch eine Vermeidung vor dem Vergleich mit Jüngeren und Angst vor Überforderung, vor allem wenn längere Zeit keine Lernsituation stattgefunden hat, sind Gründe für diese, nicht an Bildungsaktivitäten teilzunehmen (Deller et al. 2008, S. 83; Seyfried 2011, S. 5; BMAS 2014, S. 21).

4.4 Schlussfolgerungen zur Lern- und Weiterbildungsmotivation älterer Arbeitnehmer

Bezüglich der Lernmotivation älterer Arbeitnehmer ist Folgendes festzuhalten:

- die Selbstwirksamkeitserwartung nimmt eine zentrale Rolle bei der Lernmotivation Älterer ein,
- Lernsituationen sind oft mit Angst und Vorurteilen verbunden und Angst stellt ein großes Motivationshemmnis dar,
- der Nutzen der Weiterbildung spielt eine große Rolle für Ältere,
- Anreize und Perspektiven für Ältere, die eine Lernhandlung rechtfertigen, fehlen.

In diesen vier Punkten liegen zentrale Ansatzpunkte, um die Lernmotivation Älterer zu fördern: die Förderung der Selbstwirksamkeitserwartungen älterer Arbeitnehmer im Allgemeinen und ganz speziell in Lernsituationen; zugleich eine Minimierung negativer Einflussfaktoren wie Ängste und Stereotype, um Motivationsbarrieren und Lernhindernisse abzubauen. In diesen Punkten hat der Arbeitgeber wesentlichen Einfluss auf die Lernbereitschaft seiner Mitarbeiter. Gerade durch vorherrschende negative Stereotype gelten ältere Arbeitnehmer oft als unflexibel und weniger lern- und leistungsfähig und somit als weniger förderungswürdig. Als Konsequenz werden aus organisatorischer Sicht oftmals keine Anreize zur Teilnahme älterer Beschäftigter geschaffen und diese übergangen. Durch die kürzere restliche Beschäftigungszeit scheint die Investition in Ältere weniger lohnenswert (Deller et al. 2008, S. 83; Seyfried 2011, S. 5; BMAS 2014, S. 21). Es ist daher in vielen Fällen notwendig, dass ältere Arbeitnehmer überhaupt erst Zugang zu Weiterbildungsmöglichkeiten erhalten. Ein weiterer Ansatzpunkt ist der erwartete Nutzen einer Weiterbildung. Die mit dem Alter abnehmende fluide Intelligenz verändert, wie Ältere lernen, und führt dazu, dass es für diese mit mehr Aufwand und Anstrengung verbunden ist. Im Sinne einer Erwartungs-Wert-Betrachtung wägen sie ab, in welchem Verhältnis der Aufwand einer betrieblichen Bildungsmaßnahme zu deren Nutzen steht. Dieser scheint mit steigendem Alter kleiner zu werden. Ein geringeres Interesse und Engagement erscheint daher als eine logische Schlussfolgerung.

Die Zusammenhänge der psychologischen und betrieblichen Einflussfaktoren sind zusammenfassend in Abb. 4.2 dargestellt.

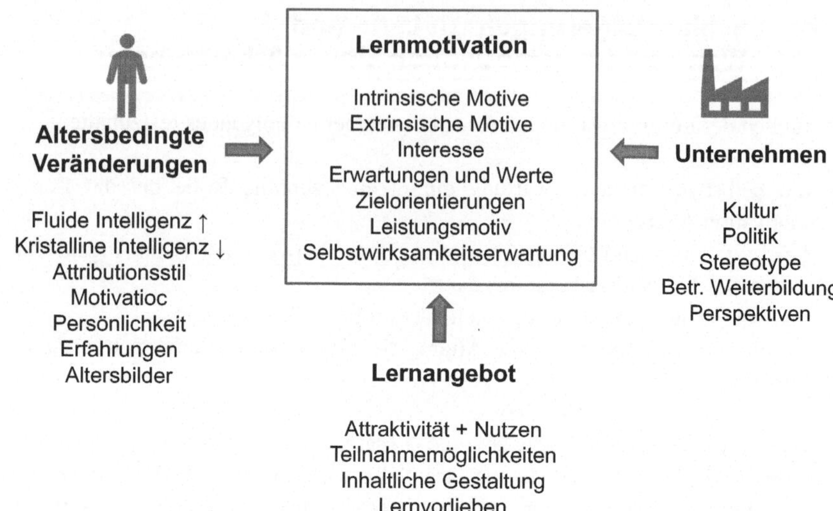

Abb. 4.2   Einflüsse auf die Lern- und Weiterbildungsmotivation. (Eigene Darstellung)

Möglichkeiten zur Motivationsförderung

Im Folgenden werden konkrete Möglichkeiten vorgestellt, wie die Lern- und Weiterbildungsmotivation älterer Erwerbstätiger in Bezug zur betrieblichen Weiterbildung gefördert und mögliche Lernbarrieren abgebaut werden können. Die Vorschläge beruhen auf den identifizierten Motivationstreibern Älterer, die auf betrieblicher Ebene gezielt gefördert und für den Weiterbildungskontext genutzt werden müssen sowie auf deren Ängsten und Motivationsbarrieren, denen ebenso gezielt entgegengewirkt werden muss. Der Alterungsprozess ist multidimensional, sehr individuell und die Gruppe der älteren Mitarbeiter ist nicht homogen. Daher lässt sich keine Einheitslösung finden, vielmehr eignet sich ein Repertoire an Maßnahmen, auf die flexibel zugegriffen werden kann. Abb. 5.1 gibt einen zusammenfassenden Überblick über die zwei zentralen Ansatzpunkte sowie die jeweiligen Maßnahmen.

5.1 Motivationsbarrieren, Ängste und Lernhindernisse abbauen

Lernsituationen sind bei Mitarbeitern jenseits der 50 häufig mit Angst und Selbstzweifeln besetzt (Stamov-Roßnagel 2008, S. 60 f.). Weiterhin spielen hier Altersbilder und Vorurteile Älteren gegenüber eine Rolle. Im Folgenden sollen Interventionsmöglichkeiten aufgezeigt werden, um diesen Ängsten und negativen Einstellungen zu begegnen und Motivationsbarrieren abzubauen.

Negative Lern-Einstellungen verändern
Eine negative Einstellung kann Lernmotivation sowie Lernerfolg stark bremsen oder dazu führen, dass eine Teilnahme gar nicht erst in Betracht gezogen wird.

© Springer Fachmedien Wiesbaden GmbH, ein Teil von Springer Nature 2019
G. Schiefer und C. Hoffmann, *Lernmotivation und Weiterbildungsbereitschaft älterer Mitarbeiter,* essentials, https://doi.org/10.1007/978-3-658-26125-2_5

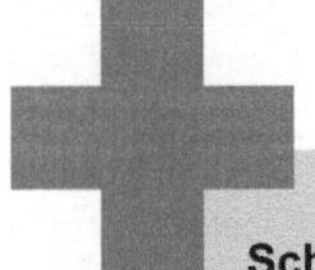

Abb. 5.1 Ansätze zur Förderung der Lernmotivation. (Eigene Darstellung)

Oftmals sind diese inneren Einstellungen nicht bewusst und müssen zunächst identifiziert werden. Ein Weg, sich inneren Einstellungen zu nähern, ist über den Attributionsstil einer Person. Wie bereits beschrieben, sucht eine Person Gründe für ihren Erfolg oder Misserfolg, zum Beispiel warum sie eine Prüfung nicht geschafft hat. Die Ursache kann entweder in der Person selbst (internal) oder in äußeren Umständen (external) gesehen werden. Erfolgsmotivierte Lernende tendieren dazu, ihre Erfolge internalen Faktoren zuzuschreiben, also ihren eigenen Fähigkeiten. Bei Misserfolgen sehen sie die Gründe eher in externalen Faktoren, z. B. in fehlender Vorbereitungszeit oder Pech. Die Forschung zeigt, dass Erfolgsmotivierte ein besseres und realistischeres Fähigkeits-Selbstkonzept haben und sich kompetenter einschätzen als Misserfolgsängstliche (Hasselhorn 2017, S. 24 ff.) Fähigkeits-Selbstkonzepte entstehen insbesondere durch die Interpretation eigener Leistungserfahrungen in Form von Attributionen. Da ältere Lerner häufig schlechte Erfahrungen gemacht haben und die Selbstwirksamkeit zudem sehr wichtig für die Lernmotivation ist, erscheint es sinnvoll, in Form eines Trainings älteren Teilnehmern Attributionsstile näher zu bringen und in diesem Rahmen schädliche Attributionen gezielt zu verändern (Dickhäuser 2018, S. 34). Dabei sollten diese zunächst erklärt werden, mit dem Hinweis, dass sie veränderbar sind. Um innere Haltungen zu verändern, müssen eigene Denkmuster hinterfragt werden. Sind schädliche Überzeugungen identifiziert, können sie mithilfe der kognitiven Umstrukturierung verändert werden. Dieses Vorgehen beinhaltet vier Schritte:

1. Identifikation irrationaler Gedankenmuster und systematischer Denkfehler,
2. Aufdecken und Infragestellen dieser Überzeugungen (z. B. Realitätscheck),
3. Methoden zur Veränderung der Überzeugungen,
4. Erarbeiten und Einüben zielführender Überzeugungen.

Im Training wird ein Satz der Teilnehmer hinterfragt und umformuliert, bis er etwas Positives aussagt. So kann der Satz „Ich bin zu alt, um etwas Neues zu lernen!" umformuliert werden zu „Ich bin nie zu alt, um etwas Neues zu lernen!". Dieser Vorgang kann mehrere Zwischenritte beinhalten. Insgesamt benötigt diese Methode Zeit und in der Regel mehr als einen Termin (Loos 2017, S. 40 ff.). Gelingt diese Strategie und werden Denkmuster so verändert, dass langfristig neue Denkstrukturen etabliert werden, so kann die Motivation positiv beeinflusst werden (Spinath 2018, S. 14).

Stärkung der Selbstwirksamkeitserwartung
Studien belegen die Bedeutung der Selbstwirksamkeitserwartung in Bezug auf Lernverhalten und -leistung sowie Transfermotivation. Daher sollte sie unbedingt im Kontext der betrieblichen Weiterbildung gefördert werden (Barysch 2016, S. 206). Gerade für ältere Erwerbstätige, die sich mit negativen Stereotypen des Umfelds bezüglich ihrer Lernleistung und eigenen negativen Altersbildern konfrontiert sehen, scheint dies eine sinnvolle Maßnahme. Denn diese sind oft nicht der Überzeugung, mithilfe ihrer Kompetenzen eine Lernhandlung meistern zu können. Diese Überzeugung ist maßgeblich dafür, welche Ziele ein Lernender sich setzt und welche Anstrengungen er unternimmt, um sie zu erreichen. Im Bezug zur betrieblichen Weiterbildung ist die Beschäftigung mit den Attributionsstilen ein Weg, um die Selbstwirksamkeitserwartung fördern. Sie kann jedoch auch im Rahmen der Lernhandlung positiv beeinflusst werden, indem der Lernrahmen so gestaltet wird, dass den Lernenden ihr Lernfortschritt bewusst wird (Korge und Piele 2014, S. 18). Dies schafft Erfolgserlebnisse, die essenziell für die Selbstwirksamkeitserwartung sind. Wenn die Teilnahme an Weiterbildungen als erfolgreich erlebt wurde, steigt auch die Überzeugung, künftig erfolgreich teilnehmen zu können. Wichtig ist in diesem Zusammenhang soziale Unterstützung in Form von positivem Feedback zur Leistung und verbalen Ermutigungen von Vorgesetzten oder Kollegen. Kompetenz kann besser wahrgenommen werden, wenn man eine Rückmeldung erhält. Zur Unterstützung gehört auch die Bereitstellung von Lernressourcen sowie Zugang zu diesen und der expliziten

Ermunterung daran teilzunehmen. Ohne Ermunterung werten Ältere dies oft als Ausschluss von Weiterbildungsmöglichkeiten (Stamov-Roßnagel 2008, S. 62 ff.; Kolland 2016, S. 49).

Förderung der Lernkompetenz

Viele ältere Arbeitnehmer haben in der Vergangenheit nicht regelmäßig an Weiterbildungen teilgenommen, wodurch sich eine Lernentwöhnung eingestellt hat. Auch verfügen viele nicht über geeignete Lernstrategien zur Strukturierung des Gelernten. Studien zeigen, dass fehlende geeignete Lernstrategien sich stark auf die Lernleistung auswirken und so zu Altersdifferenzen beitragen (Adenauer et al. 2015, S. 297 f.; Kliegel et al. 2003, S. 427). Durch die altersbedingten Verschiebungen der Motivation ist ebenfalls eine veränderte Lernkompetenz zu erwarten. Durch ein gezieltes Lernkompetenztraining kann dem entgegengewirkt werden (Stamov-Roßnagel 2008, S. 41 ff.). Ziel eines solchen Trainings ist, die Teilnehmer zu befähigen, selbstständig und effektiv zu lernen. Dabei liegt der Fokus auf informellen Lernsituationen am Arbeitsplatz, von denen Ältere am meisten profitieren (Loos 2017, S. 29 ff.; Stamov-Roßnagel 2008, S. 100 ff.).

Negativen Altersstereotypen entgegenwirken

Um Altersdiskriminierung im Unternehmen entgegenzuwirken, sollte eine Unternehmenskultur mit gegenseitiger Wertschätzung entwickelt werden (Deller et al. 2008, S. 144 ff.). Dabei lassen sich aus verschiedenen Studienergebnissen vor allem zwei Richtungen für Maßnahmen ableiten: die Sensibilisierung für Altersstereotype und die Förderung von altersgemischten Kontakten. Um den ersten Punkt zu realisieren, sollte vor allem ein offener Umgang und die Diskussion über Altersstereotype unter den Mitarbeitern gefördert werden. Dies kann dazu beitragen, die negative Wahrnehmung älterer Arbeitnehmer zu verringern und deren Wohlergehen zu fördern (Ng und Feldman 2012, S. 850 f.). Einen großen Einfluss auf die Unternehmenskultur haben auch die Führungskräfte. Sie sollten daher ebenfalls entsprechend über die Faktenlage aufgeklärt und für die Thematik sensibilisiert werden (Deller et al. 2008, S. 148). Finkelstein et al. (2013) schlagen hier die Einführung von Diversity-Trainingsmodulen vor, um die Probleme der Altersstereotypisierung am Arbeitsplatz aufzuzeigen und speziell Führungskräfte zu schulen, diese zu erkennen und damit richtig umzugehen (ebd.; Hanrahan et al. 2017, S. 374 f.).

Der zweite Ansatz zum Umgang mit Stereotypen ist die Förderung altersgemischter Kontakte im Unternehmen. Ng und Feldman (2012) schlagen vor, dass Unternehmen mehr Gelegenheiten für positive Kontakte zwischen älteren und jüngeren Kollegen bieten. Es gibt Hinweise darauf, dass Altersstereotype jüngerer Arbeitnehmer teilweise aus dem Mangel an Kontakt mit älteren Menschen stammen (ebd., S. 850 ff.). In der Folge erscheinen altersgemischte Teams und Arbeitsgruppen als gute Möglichkeit, die Zusammenarbeit und den Austausch zu fördern. Studien zeigen, dass dies dazu beiträgt, positive Meinungen über ältere Arbeitnehmer zu entwickeln, beispielsweise im Hinblick auf deren Erfahrung und um gegenseitige Vorurteile abzubauen. Eine Studie ergab, dass qualitativ hochwertige Interaktionen zwischen älteren und jüngeren Erwerbstätigen Harmonie und positive Arbeitseinstellungen unter den Mitarbeitern fördern können (Iweins et al. 2013). Altersgemischte Teams sollten sorgfältig zusammengestellt und die zuständige Führungskraft entsprechend ausgebildet werden (Hanrahan et al. 2017, S. 374 f.). Die Umsetzung der beschriebenen Maßnahmen lohnt sich, denn wahrgenommene Wertschätzung erhöht nachweislich die Arbeitszufriedenheit und Motivation (Deller et al. 2008, S. 147 f.). Ältere Mitarbeiter, die für ihre Arbeit motiviert sind und Altern nicht negativ begreifen, haben eher das Bestreben, langfristig im Erwerbsleben zu bleiben (Seyfried 2011, S. 15). Ein positives Altersbild erhöht auch die Wahrscheinlichkeit der Teilnahme an Weiterbildungsmaßnahmen und die Weiterbildung wiederum kann nachhaltig zu einem positiveren Altersbild beitragen (Schmidt 2011, S. 30).

5.2 Anreize für ältere Arbeitnehmer schaffen

Neben dem Abbau von Ängsten und Lernwiderständen ist es ebenso wichtig, die Bedürfnisse und Stärken älterer Arbeitnehmer zu nutzen, um daraus Strategien zur Motivationssteigerung im Lernkontext zu generieren und Anreize für die Teilnahme an Weiterbildung zu schaffen. So integrieren die folgenden Maßnahmen und Vorschläge das Bedürfnis älterer Mitarbeiter nach sozialen Kontakten und Engagement, Sinnhaftigkeit und ihren Lernbedürfnissen.

Interesse, Sinnhaftigkeit und Nutzen vermitteln
Nach Axhausen et al. (2002) beziehen Motive ihre antreibende Kraft vor allem aus dem ‚Warum‘. Lernende möchten wissen, warum das Lernziel für sie erstrebenswert ist. Die Sinnhaftigkeit ihrer Tätigkeit ist für ältere Arbeitnehmer besonders wichtig. Die Überzeugung vom Sinn einer Weiterbildung speist sich aus: Interesse, Nutzen und Erfolg. Jeder Mensch hat Interessen, die für die individuelle Lernmotivation wichtig sind. Im besten Fall ist das Interesse an der Thematik für eine Weiterbildung vorhanden oder kann geweckt werden. Damit persönliches Interesse geweckt werden kann, muss die Person vom Nutzen überzeugt sein (ebd., S. 31). Um einem älteren Mitarbeiter Nutzen und Sinn einer Lernaufgabe näher zu bringen, empfehlen sich Gespräche mit dem Vorgesetzten

oder der Personalabteilung, um Nutzungsmöglichkeiten im Berufsalltag oder im Privatleben aufzuzeigen (Loos 2017, S. 62 ff.). Auch die Einrichtung einer individuellen Weiterbildungsberatung ist eine gute Möglichkeit, um Unsicherheiten und Ängste abzubauen, den Nutzen einer Weiterbildung zu transponieren und zu vermitteln, dass die an Weiterbildung gestellten Ansprüche auch realisierbar sind. Gerade Personen mit einer sehr schwachen Nutzenwahrnehmung profitieren von einer Bildungsberatung und können dadurch für das Thema sensibilisiert werden (Walter und Müller 2012, S. 14).

Soziale Bedürfnisse erfüllen
Wie mehrere Studien feststellen konnten, nimmt mit steigendem Alter die Bedeutung sozialer Motive zu, so zum Beispiel die Möglichkeit, anderen Menschen zu helfen. Diese Erkenntnisse liefern wichtige Hinweise für die Gestaltung des Arbeitsplatzes und der Lernumgebung älterer Mitarbeiter, indem bspw. der Erfahrungs- und Wissensaustausch von jüngeren und älteren Mitarbeitern stärker gefördert wird. Die Einführung von altersgemischten Teams kommt der sozialen Bezogenheit Älterer entgegnen und ermöglicht austauschorientierte und arbeitsplatznahe Formen des Lernens. Ältere Mitarbeiter schätzen einen intensiven sozialen Austausch und profitieren von kommunikativen Lernformen wie Gesprächen, Diskussionen und Lernen im Team (Loos 2017, S. 7; Kolland 2016, S. 49). Auch die Schaffung von Paten- oder Mentorenfunktionen entsprechen dem Bedürfnis älterer Mitarbeiter nach sozialem Austausch und Wissensweitergabe. Sie können hierbei über einen längeren Zeitraum als fachlicher Berater von jüngeren Kollegen fungieren, wodurch sowohl jüngere als auch ältere Mitarbeiter profitieren würden (Bieling 2011, S. 28 ff.).

Entwicklungsprogramme und Laufbahngestaltung für Ältere
Ältere Menschen zeigen häufig großes Engagement sich einzubringen, das zum Teil auch über das Renteneintrittsalter hinausgeht (Hanen 2017, S. 226). Diesen Umstand sollten Unternehmen nutzen, um eine zielgruppengerechte Laufbahngestaltung zu entwickeln und neue Anreize zu schaffen, die zum wertschöpfenden Verbleib im Unternehmen beitragen. Die klassischen Karrierewege müssen dabei stärker auf Ältere angepasst und neue Perspektiven für sie geschaffen werden. Dies beinhaltet unter anderem die Anpassung von Stellenprofilen und eine individuelle Standortbestimmung sowie Perspektivenplanung älterer Mitarbeiter zusammen mit dem Vorgesetzten und dem Personalmanagement (Holz 2007, S. 168). Bei der weiteren Laufbahngestaltung können sowohl Belastungswechsel oder -reduktionen als auch eine Weiterentwicklung der Qualifikationen integriert werden. Es sind sowohl vertikale als auch horizontale Karriereschritte denkbar.

Eine vertikale Möglichkeit ist beispielsweise eine Spezialistenlaufbahn, die mit eigener Hierarchiestruktur speziell auf ältere Arbeitnehmer angepasst und mit entsprechenden Zuwächsen an Gehalt, Status, Kompetenzen etc. versehen wird. Eine andere Möglichkeit ist eine horizontale Fachlaufbahn, bei der ein Wechsel auf Positionen angestrebt wird, die einerseits mit Belastungsreduktionen einhergehen, andererseits aber auch auf die besonderen Stärken älterer Mitarbeiter fokussieren. Hier ist beispielsweise der Wechsel von Produktionsarbeitsplätzen in Qualitätssicherungs- oder Servicebereiche denkbar (Frerichs und Sporket 2016, S. 226 f.). Eine weitere Möglichkeit, älteren Arbeitnehmern Wertschätzung entgegenzubringen und eine Perspektive anzubieten, können auch Expertenrollen zum Ende der Arbeitszeit bzw. nach Renteneintritt sein. Die pensionierten Experten haben die Möglichkeit, weiterhin ihr Wissen weiterzugeben, können sich durch die gelegentlichen Einsätze fit halten, alte Kollegen treffen und sie werden für ihren Beitrag wertgeschätzt. Aus den Einsätzen entsteht noch dazu ein generationenübergreifender Austausch im Sinne von gemeinsamem Lernen (Hanen 2017, S. 226 ff.). Daher erscheinen solche Programme als gute Möglichkeit, den Bedürfnissen älterer Personen zu entsprechen und eine Unternehmenskultur zu fördern, die Ältere schätzt. Für diejenigen, die noch nicht das Renteneintrittsalter erreicht haben, lässt sich so möglicherweise ein Anreiz schaffen, selbst zu einem späteren Zeitpunkt in den Expertenpool aufgenommen zu werden.

Altersgerechte Lernangebote
Bei der Umsetzung altersgerechter Lernangebote in der beruflichen Weiterbildung müssen in der methodisch-didaktischen Ausrichtung das besondere Lernbedürfnis, Lernstile sowie die Lernsituation älterer Erwerbstätiger berücksichtigt werden. Viele Ältere sind lernentwöhnt und verfügen nicht über geeignete Strategien zur Strukturierung des Lernmaterials. Folgende Aspekte sind für die Gestaltung von betrieblichen Weiterbildungsmaßnahmen für Ältere von besonderer Bedeutung (Frerichs 2007, S. 82 f.; Kolland 2016, S. 49; Adenauer et al. 2015, S. 301 ff.; Kauffeld 2016, S. 70):

- Selbststeuerung des Lernens
- Anknüpfung an Erfahrungswissen
- Bezug zum Arbeitsplatz
- Individualisierung
- Berücksichtigung sozialer Ausgangsvoraussetzungen
- Übung und frühe Erfolge ermöglichen
- Struktur und Sequenzierung der Lerninhalte
- Organisation des Lernens fördern

Der Punkt der Individualisierung ist für das Gelingen beruflicher Weiterbildung essenziell, da Individualisierung die Komponente ist, die mit zunehmendem Alter wächst. Die Lebens-, Berufs- und Lernerfahrungen spielen dabei eine ausschlaggebende Rolle, da sie in ihrer individuellen Kombination die Besonderheit und die Persönlichkeit einer Person ausmachen. Daher muss dieser Aspekt bei Weiterbildungskonzepten, die auf Ältere ausgerichtet sind, besonders berücksichtigt werden. Die konsequente Umsetzung der genannten Prinzipien ist die Basis für die positive Bewertung und Akzeptanz von Weiterbildungsangeboten für ältere Mitarbeiter (Kauffeld 2016, S. 70; Frerichs 2007, S. 82 f.; Görtner et al. 2014, S. 473; Lukas 2012, S. 116 f.).

Fazit 6

Das Verständnis über die allgemeine Arbeitsmotivation älterer Arbeitnehmer und speziell über deren Lernmotivation und Einflussfaktoren ist in Anbetracht der aktuellen wirtschaftlichen Lage ein wichtiges Thema und sollte in Zukunft mehr in den Fokus rücken. Das Potenzial Älterer wird aktuell oftmals nicht genutzt. Durch selbsterfüllende Prophezeiungen tragen Unternehmen selbst aktiv zur Demotivation, dem Abbau der Selbstwirksamkeit sowie der Schaffung von Versagensängsten bei. Ein erster Schritt, um die Lernmotivation älterer Arbeitnehmer zu fördern, ist mehr Transparenz zum Thema Alter in Unternehmen zu schaffen und der Zielgruppe verstärkt Zugang zu adäquaten und bedürfnisgerechten betrieblichen Weiterbildungsmöglichkeiten zu gewähren. Nur so können Stereotype abgebaut und eine Kultur aufgebaut werden, in der Ältere die Möglichkeit haben, produktiv und wertschöpfend zu bleiben. Diesen Themen Raum zu geben und zu diskutieren, ist eine Aufgabe der Unternehmen, ihrer Führungskräfte und auch des Personalmanagements. Die Förderung der Selbstwirksamkeitserwartung durch entsprechende Trainings sowie förderliche Aufgabenverlagerungen und die Vermittlung des Nutzens betrieblicher Weiterbildung stellen die zentralen Maßnahmen in der Förderung der Lernmotivation und Weiterbildungsbereitschaft dar. Sie bilden die Grundlage, dass Ältere sich überhaupt fähig fühlen, eine Bildungsmaßnahme erfolgreich zu bewältigen und die Anstrengung und Investition von Zeit auf sich nehmen.

Für die Zukunft sollten Konzepte auch nicht erst bei Älteren ansetzen, sondern am Beginn des Arbeitslebens, damit eine Lernentwöhnung nie stattfindet. Schlussfolgernd gibt es keinen Grund, ältere Arbeitnehmer nicht in betriebliche Weiterbildung einzubeziehen. Zwar ist der Aufwand sowohl für die Älteren als

© Springer Fachmedien Wiesbaden GmbH, ein Teil von Springer Nature 2019
G. Schiefer und C. Hoffmann, *Lernmotivation und Weiterbildungsbereitschaft älterer Mitarbeiter*, essentials, https://doi.org/10.1007/978-3-658-26125-2_6

auch die Unternehmen größer, da entsprechende Strukturen erst geschaffen werden müssen, doch die Investition kann als lohnenswert angesehen werden. Aufgrund der zunehmend dynamischen Entwicklungen, auf die Unternehmen sich einstellen müssen, sollten die Bemühungen, sich mit der älteren Zielgruppe auseinanderzusetzen, deutlich intensiviert werden.

Was Sie aus diesem *essential* mitnehmen können

- Die Erkenntnis, dass ältere Mitarbeiter anders, aber nicht wesentlich weniger leistungsfähig als jüngere Arbeitnehmer sind.
- Das wichtige Ergebnis, dass sich mit dem Älterwerden die Lern- und Weiterbildungsmotivation in spezifischer Weise verändert.
- Unternehmen tragen häufig selbst zur Demotivation ihrer älteren Mitarbeiter bei – vor allem durch viel zu wenig Wertschätzung und spezifische Weiterbildungsaktivitäten.
- Die Steigerung der Selbstwirksamkeit Älterer und die Vermittlung des Nutzens von Weiterbildung, sind die wichtigsten Ansatzpunkte zur Steigerung der Lernmotivation.
- Durch die Berücksichtigung von spezifischen Anreizen und durch Beseitigung von konkreten Barrieren können die Potenziale älterer Mitarbeiter deutlich umfassender realisiert werden.

© Springer Fachmedien Wiesbaden GmbH, ein Teil von Springer Nature 2019   35
G. Schiefer und C. Hoffmann, *Lernmotivation und Weiterbildungsbereitschaft älterer Mitarbeiter,* essentials, https://doi.org/10.1007/978-3-658-26125-2

Literatur

Adenauer, S., Fischer, S., Hentschel, C., Heuser, I., Peck, A., Prynda, M., Rottinger, S., & Sandrock, S. (2015). Handlungsfeld „Personalpolitik und Personalstrategie realisieren". In Institut für angewandte Arbeitswissenschaften e. V. (ifaa) (Hrsg.), *Leistungsfähigkeit im Betrieb: Kompendium für den Betriebspraktiker zur Bewältigung des demografischen Wandels* (S. 296–305). Berlin: Springer. https://doi.org/10.1007/978-3-662-43398-0.

Axhausen, S., Christ, M., Röhrig, R., & Zemlin, P. (2002). *Ältere Arbeitnehmer – Eine Herausforderung für die berufliche Weiterbildung: Abschlußbericht und Dokumentation zum Modellversuch „Qualifizierung älterer Arbeitnehmer und Arbeitnehmer/innen in den neuen Bundesländern aus Metall- und Elektroberufen und aus der industriellen Produktion". Wissenschaftliche Grundlagen und Ziele*. Bielefeld: Bertelsmann.

Baltes, P. B., & Baltes, M. M. (1990). *Successful aging*. Cambridge: Cambridge University.

Barysch, K. N. (2016). Selbstwirksamkeit. In D. Frey (Hrsg.), *Psychologie der Werte* (S. 201–211). Berlin: Springer.

Bergmann, B. (2007). Alter und Leistung in der Erwerbsarbeit. In H. Loebe & E. Severing (Hrsg.), *Demografischer Wandel und Weiterbildung: Strategien einer alterssensiblen Personalpolitik* (S. 59–70). Bielefeld: Bertelsmann.

Bieling, G. (2011). *Age Inclusion: Erfolgsauswirkungen des Umgangs mit Mitarbeitern unterschiedlicher Altersgruppen in Unternehmen*. Wiesbaden: Gabler.

BMAS (Bundesministerium für Arbeit und Soziales). (Hrsg.). (2014). Fortschrittsreport „Altersgerechte Arbeitswelt". Ausgabe 4: Lebenslanges Lernen und betriebliche Weiterbildung. http://www.bmas.de/SharedDocs/Downloads/DE/PDF-Publikationen/fortschrittsreport-ausgabe-4-juni-2014.pdf?__blob=publicationFile. Zugegriffen: 8. März 2018.

BMAS (Bundesministerium für Arbeit und Soziales). (Hrsg.). (2016). Arbeitsmarktprognose 2030: Eine strategische Vorausschau auf die Entwicklung von Angebot und Nachfrage in Deutschland. http://www.bmas.de/SharedDocs/Downloads/DE/PDF-Publikationen/a756-arbeitsmarktprognose2030.pdf?__blob=publicationFile. Zugegriffen: 8. März 2018.

Brinkmann, R. (2009). *Berufsbezogene Leistungsmotivation älterer Arbeitnehmer: Eine Individuumsbezogene Perspektive*. Berlin: Logos.

Bruch, H., & Kunze, F. (2007). Management einer Aging Workforce: Ansätze zu Kultur und Führung. *Zeitschrift für Führung + Organisation, 76*(2), 72–77.

© Springer Fachmedien Wiesbaden GmbH, ein Teil von Springer Nature 2019

G. Schiefer und C. Hoffmann, *Lernmotivation und Weiterbildungsbereitschaft älterer Mitarbeiter, essentials*, https://doi.org/10.1007/978-3-658-26125-2

Bruggmann, M. (2000). *Die Erfahrung älterer Mitarbeiter als Ressource.* Wiesbaden: DUV.

Büsch, V., Dittrich, D., & Lieberum, U. (2012). Determinanten der Arbeitsmotivation und Leistungsfähigkeit älterer Arbeitnehmer und ihre Auswirkungen auf den Weiterbeschäftigungswunsch. *Comparative Population Studies – Zeitschrift für Bevölkerungswissenschaft, 35*(4), 903–930.

Carstensen, L. L. (1992). Social and emotional patterns in adulthood: Support for socioemotional selectivity theory. *Psychology and Aging, 7*(3), 331–338.

Carstensen, L. L., Isaacowitz, D. M., & Charles, S. T. (1999). Taking time seriously: A theory of socioemotional selectivity. *American Psychologist, 54*(3), 165–181.

Deller, J., Kern, S., Hausmann, E., & Diederichs, Y. (2008). *Personalmanagement im demografischen Wandel: Ein Handbuch für den Veränderungsprozess.* Heidelberg: Springer.

Dickhäuser, O. (2018). „Yes, I can!?" – Entstehung, Auswirkung und Förderung von Fähigkeitsselbstkonzepten. In B. Spinath, O. Dickhäuser, & C. Schöne (Hrsg.), *Psychologie der Motivation und Emotion* (S. 26–38). Wiesbaden: Hogrefe.

Finkelstein, L. M., Ryan, K. M., & King, E. B. (2013). What do the young (old) people think of me? Content and accuracy of age-based meta-stereotypes. *European Journal of Work and Organizational Psychology, 22*(6), 633–657.

Frerichs, F. (2007). Weiterbildung und Personalentwicklung 40plus: Eine praxisorientierte Strukturanalyse. In W. Länge & E. Menke (Hrsg.), *Generation 40plus: Demografischer Wandel und Anforderungen an die Arbeitswelt* (S. 67–104). Bielefeld: Bertelsmann.

Frerichs, F. (Hrsg.). (2016). *Altern in der Erwerbsarbeit. Perspektiven der Laufbahngestaltung.* Wiesbaden: Springer.

Frerichs, F., & Sporket, M. (2016). Alternsmanagement im Betrieb: Herausforderungen und Handlungsansätze. In G. Naegele, E. Olbermann, & A. Kuhlmann (Hrsg.), *Teilhabe im Alter gestalten: Aktuelle Themen der Sozialen Gerontologie* (S. 219–234). Wiesbaden: Springer.

Giesert, M., Reuter, T., & Liebrich, A. (Hrsg.). (2017). *Arbeitsfähigkeit 4.0. Eine gute Balance im Dialog gestalten.* Hamburg: VSA.

Godde, B., Voelcker-Rehage, C., & Olk, B. (2016). *Einführung Gerontopsychologie.* München: UTB.

Gorges, J., & Kuper, H. (2015). Editorial – Motivationsforschung im Weiterbildungskontext. *Zeitschrift für Erziehungswissenschaft, 18,* 1–7.

Görtner, L., Hüber, T., Käser, U., & Röhr-Sendlmeier., U. M. (2014). Lernen im Arbeitsalltag – Fit im Beruf: Ein ganzheitliches Konzept zur Weiterbildung älterer Arbeitnehmer. *Bildung und Erziehung, 67*(3), 471–487.

Grabbe, J., & Richter, G. (2014). Arbeits- und Beschäftigungsfähigkeit – Grundlage von Innovations- und Wettbewerbsfähigkeit. In M. Klaffke (Hrsg.), *Generationen-Management* (S. 83–106). Wiesbaden: Springer.

Hanen, G. (2017). Von der Pionierarbeit zum Gestalter des Demografiewandels: Das Seniorenexperten-Modell der Bosch-Gruppe. In J. Rump & S. Eiler (Hrsg.), *Auf dem Weg zur Arbeit 4.0* (S. 225–230). Berlin: Springer.

Hanrahan, E. A., Huntoon Lindeman, M. I., & Finkelstein, L. M. (2017). Discounting seniors: Implications of age stereotypes at work. *Translational Issues in Psychological Science, 3*(4), 370–377. https://doi.org/10.1037/tps0000132.

Hasselhorn, M. (2017). Was sind aus psychologischer Perspektive die individuellen Voraussetzungen gelingender Lern- und Bildungsprozesse? In N. McElvany, W. Bos, H. G. Holappels, J. Hasselhorn, & A. Ohle (Hrsg.), *Bedingungen gelingender Lern- und Bildungsprozesse: Aktuelle Befunde und Perspektiven für die empirische Forschung* (S. 11–30). Münster: Waxmann.

Heckhausen, J., & Heckhausen, H. (2018). *Motivation und Handeln* (5. Aufl.). Berlin: Springer.

Hertel, G., Grube, A., & Hilsebein, U. (2007). *Mental time journey: A method to estimate cohort effects based on guided reconstructions*. Würzburg: University of Würzburg.

Holz, M. (2007). Motivation von älteren Mitarbeitern. In M. Holz & P. Da-Cruz (Hrsg.), *Demografischer Wandel in Unternehmen: Herausforderung für die strategische Personalplanung* (S. 159–172). Wiesbaden: Gabler.

Inceoglu, I., Segers, J., & Bartram, D. (2011). Age-related differences in work motivation. *Journal of Occupational and Organizational Psychology, 85,* 300–329. https://doi.org/10.1111/j.2044-8325.2011.02035.x.

Iweins, C., Desmette, D., Yzerbyt, V., & Stinglhamber, F. (2013). Ageism at work: The impact of intergenerational contact and organizational multi-age perspective. *European Journal of Work and Organizational Psychology, 22*(3), 331–346. https://doi.org/10.108 0/1359432X.2012.748656.

Jaeger, C. (2015a). Leistungsfähigkeit und Alter – Praxisrelevante Hinweise für Unternehmen und Beschäftigte. In Institut für angewandte Arbeitswissenschaften e. V. (ifaa) (Hrsg.), *Leistungsfähigkeit im Betrieb: Kompendium für den Betriebspraktiker zur Bewältigung des demografischen Wandels* (S. 41–54). Berlin: Springer. https://doi.org/10.1007/978-3-662-43398-0.

Jaeger, C. (2015b). Leistungsfähig sein und beiben. In Institut für angewandte Arbeitswissenschaften e. V. (ifaa) (Hrsg.), *Leistungsfähigkeit im Betrieb: Kompendium für den Betriebspraktiker zur Bewältigung des demografischen Wandels* (S. 27–40). Berlin: Springer. https://doi.org/10.1007/978-3-662-43398-0.

Kanfer, R., & Ackerman, P. L. (2000). Individual differences in work motivation. Further explorations of a trait framework. *Applied Psychology: An International Review, 49*(3), 470–482.

Kanfer, R., & Ackerman, P. L. (2004). Aging, adult development, and work motivation. *Academy of Management Review, 29*(3), 440–458.

Kauffeld, S. (2016). *Nachhaltige Personalentwicklung und Weiterbildung: Betriebliche Seminare und Trainings entwickeln, Erfolge messen, Transfer sichern* (2., überarbeitete Aufl.). Berlin: Springer.

Kehr, H. M., Strasser, M., & Paulus, A. (2018). Motivation und Volition im Beruf und am Arbeitsplatz. In J. Heckhausen & H. Heckhausen (Hrsg.), *Motivation und Handeln* (5. Aufl., S. 593–614). Berlin: Springer.

Kliegel, M., Altgassen, M., Martin, M., & Kruse, A. (2003). Lernen im Alter: Die Bedeutung der selbstständigen Strukturierung des Lernmaterials. *Zeitschrift für Gerontologie und Geriatrie, 36*(6), 421–428.

Kolland, F. (2010). Altersbilder und ihre normative Wirkung im Wandel der Erwerbsarbeit. In K. Brauer & W. Clemens (Hrsg.), *Zu alt?: „Ageism" und Altersdiskriminierung auf Arbeitsmärkten* (S. 61–80). Wiesbaden: VS.

Kolland, F. (2016). *Bildungsmotivation im Alter: Modelle und Forschungserkenntnisse.* Wien: Bundesministerium für Arbeit, Soziales und Konsumentenschutz. https://www.sozialministerium.at/cms/site/attachments/1/3/2/CH3434/CMS1479886556156/kolland_bildungsmotivation_im_alter.pdf. Zugegriffen: 17. Juni 2018.

Kooij, D. T. A. M., de Lange, A. H., Jansen, P. G. W., & Dikkers, J. S. E. (2008). Older workers' motivation to continue to work: Five meanings of age. A conceptual review. *Journal of Managerial Psychology, 23*(4), 364–394. https://doi.org/10.1108/02683940810869015.

Kooij, D. T. A. M., de Lange, A. H., Jansen, P. G. W., Kanfer, R., & Dikkers, J. S. E. (2011). Age and work-related motives. Results of a meta-analysis. *Journal of Organizational Behavior., 32*(2), 197–225.

Korge, G., & Piele, C. (2014). *Studie: Lernen Ältere. Lernsettings für ältere Verwaltungsmitarbeitende.* Stuttgart: Fraunhofer Institut für Arbeitswirtschaft und Organisation IAO. http://www.bbbank-stiftung.de/fileadmin/Content/Projekte/weitere-projekte/studie-lernen-aeltere/Studie_Lernen_Aeltere.pdf. Zugegriffen: 27. Mai 2018.

Kruse, A. (2011). Bildung im Alter. In R. Tippelt & A. von Hippel (Hrsg.), *Handbuch Erwachsenenbildung/Weiterbildung* (5. Aufl., S. 827–840). Wiesbaden: VS.

Lehr, U. (2007). *Psychologie des Alterns* (11., korrigierte Aufl.). Wiebelsheim: Quelle & Meyer.

Lehr, U. (2008). Ältere Arbeitnehmer – Eine gemachte Problemgruppe. In J. Deller, S. Kern, E. Hausmann, & Y. Diederichs (Hrsg.), *Personalmanagement im demografischen Wandel: Ein Handbuch für den Veränderungsprozess* (S. 168–171). Heidelberg: Springer.

Lehr, U., & Kruse, A. (2006). Verlängerung der Lebensarbeitszeit – Eine realistische Perspektive? *Zeitschrift für Arbeits- und Organisationspsychologie, 50*(4), 240–247. https://doi.org/10.1026/0932-4089.50.4.240.

Lison, E. (2007). Vom High-Potential zum High-Performer. In M. Holz & P. Da-Cruz (Hrsg.), *Demografischer Wandel in Unternehmen: Herausforderung für die strategische Personalplanung* (S. 111–126). Wiesbaden: Gabler.

Loos, J. (2017). *Lebenslanges Lernen im demografischen Wandel.* Wiesbaden: Springer.

Lukas, J. (2012). *Personalpolitische Handlungsalternativen mit älteren Arbeitnehmern in Unternehmen vor dem Hintergrund der demographischen Entwicklung in Deutschland.* Wiesbaden: Springer.

Martin, M., & Zimprich, D. (2012). Kognitive Entwicklung. In F. R. Lang, M. Martin, & M. Pinquart (Hrsg.), *Entwicklungspsychologie – Erwachsenenalter* (S. 60–78). Göttingen: Hogrefe.

Maurer, T. J., Wrenn, K. A., Pierce, H. R., Tross, S. A., & Collins, W. C. (2003). Beliefs about 'improvability' of career-relevant skills: Relevance to job/task analysis, competency modelling, and learning orientation. *Journal of Organizational Behavior, 24*(1), 107–131.

Moskaliuk, J. (2015). *Motivationspsychologie für die Berufspraxis: Praktisches Wissen für Coaches, Berater und Führungskräfte.* Wiesbaden: Springer.

Nerdinger, F. W. (2014). Arbeitsmotivation und Arbeitszufriedenheit. In F. W. Nerdinger, G. Blickle, & N. Schaper (Hrsg.), *Arbeits-und Organisationspsychologie* (3., vollständig überarbeitete Aufl., S. 419–440). Berlin: Springer.

Ng, T. W. H., & Feldman, D. C. (2010). The relationship of age with job attitudes: A meta analysis. *Personnel Psychology, 63*(3), 677–718.

Ng, T. W. H., & Feldman, D. C. (2012). Evaluating six common stereotypes about older workers with meta-analytical data. *Personnel Psychology, 65*(4), 821–858. https://doi.org/10.1111/peps.12003.

Pinter, D., Weiss, E. M., Papousek, I., & Fink, A. (2014). Neuroplastizität und Lernen im Alter. *Lernen und Lernstörungen, 3*(4), 237–248.

Puca, R. M., & Schüler, J. (2017). Motivation. In J. Müsseler & M. Rieger (Hrsg.), *Allgemeine Psychologie* (3. Aufl., S. 223–250). Berlin: Springer.

Rabl, T. (2010). Age, discrimination, and achievement motives: A study of German employees. *Personnel Review, 39*(4), 448–467. https://doi.org/10.1108/00483481011045416.

Rheinberg, F. (2008). *Grundriss der Psychologie: Motivation* (7., aktualisierte Aufl.). Stuttgart: Kohlhammer.

Rhodes, S. R. (1983). Age-related differences in work attitudes and behavior: A review and conceptual analysis. *Psychological Bulletin, 93*(2), 328–367.

Schmidt, B. (2011). Altersbilder und ihre Bedeutung für ältere Arbeitnehmerinnen und Arbeitnehmer. In B. Seyfried (Hrsg.), *Ältere Beschäftigte: Zu jung, um alt zu sein. Konzepte – Forschungsergebnisse – Instrumente. Berichte zur beruflichen Bildung* (S. 21–32). Bielefeld: Bertelsmann.

Schmithüsen, F., & Ferring, D. (2015). Allgemeine Psychologie. In F. Schmithüsen (Hrsg.), *Lernskript Psychologie* (S. 21–94). Berlin: Springer.

Seyfried, B. (Hrsg.). (2011). *Ältere Beschäftigte: Zu jung, um alt zu sein. Konzepte – Forschungsergebnisse – Instrumente. Berichte zur beruflichen Bildung.* Bielefeld: Bertelsmann.

Siebert, H. (2006). *Lernmotivation und Bildungsbeteiligung.* Bielefeld: Bertelsmann. https://www.ssoar.info/ssoar/bitstream/handle/document/51566/ssoar-2006-siebert-Lernmotivation_und_Bildungsbeteiligung.pdf?sequence=1,   https://doi.org/10.3278/42/0019w. Zugegriffen: 17. Juni 2018.

Spinath, B. (2015). Lernmotivation. In H. Reinders, H. Ditton, C. Gräsel, & B. Gniewosz (Hrsg.), *Empirische Bildungsforschung* (2. Aufl., S. 55–68). Wiesbaden: Springer.

Spinath, B. (2017). Bedingungen gelingender Lern- und Bildungsprozesse: Zur Bedeutung motivationaler Bedingungsfaktoren. In N. McElvany, W. Bos, H. G. Holappels, J. Hasselhorn, & A. Ohle (Hrsg.), *Bedingungen gelingender Lern- und Bildungsprozesse: Aktuelle Befunde und Perspektiven für die empirische Forschung* (S. 129–136). Münster: Waxmann.

Spinath, B. (2018). Motivation als Kompetenz: Kann man lernen, motiviert zu sein? In B. Spinath, O. Dickhäuser, & C. Schöne (Hrsg.), *Psychologie der Motivation und Emotion* (S. 13–25). Wiesbaden: Hogrefe.

Stamov-Roßnagel, C. (2008). *Mythos: „Alter" Mitarbeiter: Lernkompetenz jenseits der 40?.* Weinheim: Beltz.

Stamov-Roßnagel, C., & Hertel, G. (2010). Older workers' motivation: Against the myth of general decline. *Management Decision, 48*(6), 894–906. https://doi.org/10.1108/00251741011053451.

Statistisches Bundesamt. (Hrsg.). (2015). *Bevölkerung und Erwerbstätigkeit Stand und Entwicklung der Erwerbstätigkeit in Deutschland.* Mikrozensus 2016. Fachserie 1 Reihe 4.1.1. Bonn. https://www.destatis.de/DE/Publikationen/Thematisch/Arbeitsmarkt/Erwerbstaetige/StandEntwicklungErwerbstaetigkeit2010411157004.pdf?__blob=publicationFile. Zugegriffen: 10. März 2018.

Statistisches Bundesamt. (Hrsg.). (2016). *Ältere Menschen in Deutschland und der EU.* Wiesbaden. https://www.destatis.de/DE/Publikationen/Thematisch/Bevoelkerung/Bevoelkerungsstand/BroschuereAeltereMenschen0010020169004.pdf?__blob=publicationFile. Zugegriffen: 10. März 2018.

von Bastian, C. C., Langer, N., Jäncke, L., & Oberauer, K. (2012). Effects of working memory training in young and old adults. *Memory & Cognition, 41,* 611–624. https://doi.org/10.3758/s13421-012-0280-7.

von Rosenstiel, L. (2009). Unerkannte Potenziale – Ältere Beschäftigte aus der Sicht der Arbeits- und Organisationspsychologie. In K. Brauer & G. Korge (Hrsg.), *Perspektive 50plus?: Theorien und Evaluation der Arbeitsmarktintegration Älterer* (S. 41–54). Wiesbaden: VS.

Walter, M., & Müller, N. (2012). Nutzen beruflicher Weiterbildung: Was Beschäftigte erwarten und was sie zur Teilnahme motiviert. https://www.bibb.de/veroeffentlichungen/de/publication/download/6818. Zugegriffen: 4. Aug. 2018.

Warr, P. (2001). Age and work behavior: Physical attributes, cognitive abilities, knowledge, personality traits and motives. In C. L. Cooper & I. T. Robertson (Hrsg.), *International review of industrial and organizational psychology* (S. 1–36). London: Wiley.

Winkler, R. (2005). Ältere Menschen als Ressource für die Wirtschaft und Gesellschaft von morgen. In W. Clemens, F. Höpflinger, & R. Winkler (Hrsg.), *Arbeit in späteren Lebensphasen* (S. 127–154). Bern: Haupt.

Zacher, H., Degner, M., Seevaldt, R., Frese, M., & Lüdde, J. (2009). Was wollen jüngere und ältere Erwerbstätige erreichen? Altersbezogene Unterschiede in den Inhalten und Merkmalen beruflicher Ziele. *Zeitschrift für Personalpsychologie, 8*(4), 191–200.

 Springer

springer.com

{essentials{

Gernot Schiefer · Ramona Gattner

Neuroleadership – die Grundannahmen in kritischer Analyse

Was Neurowissenschaften zur Zukunft von Führungstheorien wirklich beitragen

 Springer

Jetzt im Springer-Shop bestellen:
springer.com/978-3-658-23477-5